過疎山村における
地域建設業の役割

―――構造改革と地域防災の視点から―――

白 井 伸 和

時 潮 社

目　次

序　章 ……………………………………………………………………9
　1．過疎山村における地元建設業の役割　9
　（1）過疎山村における公共投資の重要性　9
　（2）過疎山村における建設業の排他的受注圏の形成　10
　（3）排他的受注圏の崩壊と災害応急対応力の課題　11
　2．過疎対策の成果と課題　13
　（1）過疎対策法　13
　（2）過疎山村の産業の衰退の経緯　14
　3．公共投資の入札制度改革　15
　（1）公共投資の縮減について　15
　（2）小泉構造改革と入札制度改革　16
　（3）公共工事の入札制度や談合に関する研究と課題　17
　4．平成の大合併の過疎山村への影響　18
　（1）平成の大合併の理念　18
　（2）町村合併に伴う過疎指定された地域への影響　19
　5．平成の大合併に関する研究と課題　20
　（1）規模の経済効果について　20
　（2）合併した過疎山村の衰退傾向　21
　6．合併した過疎山村の研究課題　22
　（1）地元建設業者による排他的受注圏の消滅　22
　（2）調査地域　24
　7．本書の構成　24

第1章　公共投資と地域間所得分配 ………………………………27
　1．公的資本形成と地域間所得分配政策　27
　（1）1950年以降から1990年初頭の公共投資と経済政策の推移　27
　（2）公共事業の構造変化と「構造改革」までの公共投資と経済政策の推移　31
　（3）公的資本形成と地域間公共投資配分　33
　（4）公共投資の地域特性　38

２．土木需要と土木業の発達　42

　（１）地方圏における土木需要　42

　（２）土木業者配置の地域的特性　46

　３．小　括　47

第2章　公共事業の入札制度の変遷……………………………………51

　１．公共事業における発注システムの変遷　52

　２．1993年以前までの入札制度の歴史　54

　（１）1889年から1946年の公共事業の契約方式について　54

　（２）1947年から1978年までの入札制度の変遷と独占禁止法の制定　56

　（３）「静岡事件」と入札契約制度改革　58

　（４）外圧による独占禁止法強化および入札契約制度改革（1993年〜2001年）　60

　３．1994年以降の一般競争入札の導入期　64

　（１）1994年の一般競争入札制度の導入　64

　４．2005年以降の一般競争入札制度拡大期　67

　（１）官製談合の摘発と一般競争入札制度の拡大　67

　（２）2005年以降の落札率の低下による影響について　70

　（３）一般競争入札制度の適用拡大に伴う工事品質確保について　71

　５．小　括　73

第3章　公共事業の入札制度による中小建設産業保護政策……………77

　１．地方自治体における入札制度と中小企業保護　77

　（１）地域要件　78

　（２）経営審査事項によるランク制度　79

　（３）条件付き一般競争入札制度および指名競争入札制度　83

　（４）分離・分割発注方式制度　84

　（５）経常JV制度　84

　２．官公需確保法　85

　３．地元建設業者保護政策の源泉としての指名競争入札制度　86

　４．小　括　89

目 次

第4章 縁辺地域における土木業の役割について
——A県B市C地区を事例として …………………………………91

1．A県内の公共投資の動向と入札方式 92

（1）最近のA県の公共投資の動向 92

（2）公共投資の内容の変化 93

（3）公共事業の閑散期と繁忙期 95

2．B市における町村合併に伴う財政と公共事業の地域的配分の変化 97

（1）B市における町村合併に伴う財政と公共投資の変化 97

（2）公共投資の域内配分額の推移 99

（3）域内発注者の考える地元建設業者について 101

3．B市C地区における地元建設業者の存立と公共事業の受注慣行 102

（1）B市C地区の地域概要 102

（2）旧C村における人口推移と産業構造 102

（3）B市C地区の建設業者と受注慣行 104

（4）2010年度の排他的受注圏 105

（5）2015年度の排他的受注圏 109

（6）B市における排他的受注圏 113

4．小 括 115

第5章 埼玉県における過疎指定地域について
——町村合併の影響と排他的受注圏の変遷を中心として ………117

1．埼玉県におけるランク制度と市町村事業に充当される
地方債について 118

（1）埼玉県におけるランク制度とランク分けについて 118

（2）市町村事業に充当できる地方債について 120

2．市町村合併による地元建設業者の行動パターンについて
——旧大滝村内におけるケーススタディ—— 122

（1）旧大滝村の地域概要 122

（2）大滝地区における人口減少と産業の衰退 123

（3）旧大滝村における市町村合併前後の域内公共投資額の推移 125

（4）秩父市における市町村合併後の公共工事の発注について 129

（5）小 括 137

5

３．市町村合併による地元建設業者の行動パターンについて
　　──新「小鹿野町」におけるケーススタディ──　138
（１）新「小鹿野町」の地域概要　139
（２）旧両神村における人口変化と産業構成について　140
（３）旧小鹿野町および両神村における市町村合併前の財政規模　142
（４）町村合併前後の受注面からみた公共事業の推移　146
（５）小　括　152

４．市町村合併を選択しない地域に関する変化とその考察
　　──東秩父村に関する公共投資と地域の変化について──　153
（１）東秩父村の地域概要　153
（２）東秩父村における人口変化と産業構成について　154
（３）東秩父村における公共投資の推移と財政規模　156
（４）東秩父村における受注面からみた地元建設業者における企業行動　158
（５）小　括　161

５．市町村合併による地域に対する影響と公共事業の変化
　　──市町村合併後の旧神泉村の変化について──　162
（１）神泉村における人口変化と産業構成について　163
（２）神泉村および神川町における市町村合併前の公共投資額の推移と
　　　財政規模　165
（３）旧神泉村における公共事業と共助について　167
（４）小　括　170

６．埼玉県内過疎指定町村地域における実証研究のまとめ　171
（１）実態調査を行なった４地区の人口および建設業の変化　171
（２）Ａ県Ｃ村における地元建設業の受注圏と埼玉県過疎指定４地区との
　　　比較　177

第６章　地域建設業の災害応急対応力に関する考察
　　　　──2014年２月秩父地方大雪災害のケーススタディ　……………181
はじめに　181
１．山村における地域建設業の受注圏と災害対応　183
（１）災害応急対策力に対する地元建設業者の役割と地域住民の役割　183
（２）1990年代までの山村の建設業とその受注圏　184
（３）2000年代からの山村の建設業とその受注圏の変化　185

２．大雪時の大滝地区における地元建設業者の災害対応の実態 186

（１）大雪による大滝地区指定業者の対応 186

３．地域ボランティアおよび他自治体支援による災害対応 192

（１）2014年２月18日からの自衛隊や新潟県からの支援 192

４．大滝地区における除雪体制の課題 193

（１）地域内における人員と重機の確保と行政の課題 193

（２）建設業者の公共事業の受注 195

５．考察とまとめ 196

第7章　結　論 ……………………………………………………199

１．実態調査のまとめ 199

（１）町村合併の有無 199

（２）排他的受注圏の存続あるいは崩壊への分岐 200

（３）旧村単位の排他的受注圏の存続と入札方式の違い 201

（４）合併した過疎自治体の災害応急対応力の衰退 202

（５）秩父市大滝地区の建設業者による災害応急対応力の低下 202

（６）過疎地域の災害緊急対応力 203

（７）まとめ 204

２．今後の研究課題 205

【文献リスト】 207

あとがき ……………………………………………………………215

序　章

1．過疎山村における地元建設業の役割

（1）過疎山村における公共投資の重要性

　日本の国土の3分の2は森林で覆われており、その多くは人口密度が低い人口減少地域であり、過疎に指定されている地域が広がっている。2010年では過疎地域の面積は全国土の57.3％を占めているが、過疎地域に居住する人口は1,120万人で、日本の人口の8.8％に過ぎない。つまり人口比では1割にも満たないものの、面積比では6割を占める過疎地域におけるさまざまな問題は、平地が少なく山地が多い日本の国土において、看過することができない重要な政策的課題の一つである。

　高度経済成長期における大都市部の再編、さらなる拡大を示すなかから、新全総（新全国総合開発計画）もあり、1970年代に地方や過疎地域への公共投資へと重点をシフトしていった背景には、高度経済成長とともに地域間格差が広がり、大都市への過密問題に対して、山村などの人口密度の低い地域での過疎問題が深刻になっていったからである。政府は1970年代から、中核地域から周縁地域への資本フローをひき起こすために、主に公共投資の比重を高め、それによって地域経済への乗数効果を狙うとともに、雇用の増大による人口定住化を図り過疎地域の人口流出を止めようと過疎対策を実施してきた。1980年代に入ると、過疎地域ではさらに伝統的産業が衰退し、公共投資依存型の経済に特化していった。

　過疎山村では国からの公共事業の補助金が傾斜的に配分され、道路・林道・

ダムなどの建設投資が盛んに行なわれていった。当初は林業や農業と冬場の公共事業との兼業を可能にして過疎山村の人口定着を図ることが目的であった。公的年金制度もまだ充実していない時代に、過疎地域へ公共投資による土木工事を提供することは、冬場の雇用を山間の局地的労働市場を創出する社会政策的な意義があった。やがて過疎地域において傾斜的に配分された公共投資は過疎地域の産業を建設業に特化させ、建設産業が請け負った土木工事を通じて地域経済に波及効果を及ぼす役割をも担い、地域にはなくてはならない産業へと成長した。

このような背景によって、1970年代後半までには「山村は公共事業で食べている」と言われる公共事業依存型地域経済に変貌していったのである。

しかし1990年代に入るころまでには、過疎地域において公共事業に依存して生計を立てていた世代も現役からリタイアし、公共事業の果たした社会政策的役割が終わりをむかえる。

（2）過疎山村における建設業の排他的受注圏の形成

地元地方自治体は公共投資を行なう際に、地元建設業者を保護・優遇する地域主義的な市場形成を促進した。公共工事を発注する自治体は、地元産業保護の名において、管轄地域内における地元建設業者に優先的に発注を行なってきた。建設産業では業者間調整する商習慣（＝いわゆる「談合」）に支配されており、他の産業に対してはない特徴をもつ。梶田（1998, 1999）は、地元行政と地元建設業の結びつきの研究を行ない、地方自治体における指名競争入札等の発注制度のもとで、地元建設業者は保護され、建設業者間の本社所在の自治体を基本的な受注圏とし、安定的な「排他的受注圏」が形成されていたことを実証した。

筆者は自治体の境界による「排他的受注圏」という梶田の概念を踏襲するが、それは地元建設業者の立地に近接するように地域市場が分割された空間パターンを含む概念としてである。その空間パターンは、地域建設業者が地域社会の安全と維持に欠かせない除雪などの災害対応の点においても、その

序　章

担当地区の空間パターンが一致することが多かった。その担当地区がある程度定まっていることは、伝統的に地元自治体と地元建設業者の間には、公共工事の受発注と災害緊急対応において、互恵関係が成立していたことと関連している。

　この過疎の村に成立していた地元建設業者の排他的受注圏は、過疎の地方自治体の多くが「平成の大合併」によって町村合併を余儀なくされたために、維持できなくなった地域も多い。「平成の大合併」によって過疎の自治体は、そのエリアの中心都市に事実上吸収合併され自治権を失った。ソ連邦の崩壊（1991年）にともない1990年代中頃から2000年代の中頃までに、グローバリゼーションはより進展し、産業構造が変化するとともに、新自由主義＝市場原理主義が席巻するなか「小さい政府」をめざして行財政改革が断行された。梶田（1998, 1999）は過疎山村の地域調査を行ない、地元建設業者の排他的受注圏の研究を行なった。そのような時代的な変化のなかで、過疎山村の自治体における建設業者の「排他的受注圏」の継続が難しくなっている。

（3）排他的受注圏の崩壊と災害応急対応力の課題

　過疎山村の建設業をめぐる1990年代中頃からの大きな制度的変化としてあげられるのは、主に以下の3点である。

　第一に、1990年代後半には公共事業が削減され始めたが、小泉内閣（2001〜2006年）の登場により、ドラスティックな「構造改革」が実施され、また、緊縮財政が行なわれ、公共事業も大幅に削減された。それ以降、2011年3月の東日本大震災後、復旧・復興事業としての公共投資も加わるが、バブル経済期の状況と比較すると、あまり状況は好転していない。公共事業が減少したために、山村の過疎地域では建設業が痛手を受け、しかも地域経済への公共投資の乗数効果の恩恵も失われ、投資削減の打撃を受けた。

　第二に、公共事業の入札方式が従来主流であった指名競争入札制度から市場原理の導入ということもあり、一般競争入札へと移行したことである。それによって、日本の建設業界の伝統的商習慣であった談合は法律的にも罰則

が強化され、業者間の受注調整は許容されない時代となった。したがって、法令遵守する限り、梶田が見出した「排他的受注圏」は崩壊したことになる。競争原理が強化されたことにより、過疎地域で営業してきた零細な地元建設業は受注競争に負けるリスクが高まっているのである。

第三に、2005年から2006年にピークに達した「平成の大合併」による町村合併である。この「平成の大合併」によって、自主財源が乏しく財政的にも中央政府に依存型（交付金依存）の過疎山村自治体の大部分は、この大合併によってそのエリアでの中心＝大きい自治体に飲み込まれた。合併しても過疎地域指定は継続しているものの、合併自治体で過疎債を起債し過疎地域に公共事業を行なうインセンティブは低下している。自治機能を失った山村地区では、より過疎が加速する現象が多数報告されている。

以上のような3つの点で、大きな時代的変化の影響を受けた過疎山村の地元建設業が、どう変貌したのかを実証的に考察を加えることが本書の目的である。特に町村合併を余儀なくされた過疎の自治体では、空間的に受注圏をみた場合に、合併する前の旧自治体単位で成立していた「排他的受注圏」は存続しているのかを検証する。この課題を作業仮説として地域調査し、排他的受注圏が崩壊しているとすれば、それと密接に関連している建設業者が担ってきた災害応急対応力はどう変化したかをさらに実証的に分析したい。

地元建設業の存在意義の一つとして、災害応急対応力があげられる。2011年の東日本大震災などでも地元建設業は災害応急対応し、また降雪時には除雪の役割を担っており、地域貢献の役割を果たしている。しかしながら1990年代から公共投資をめぐる談合体質や汚職などの問題が激しくマスコミでも糾弾されてきたために、建設業に対する国民の目もかなり批判的である。このような世論のなかで、国民にあまり知られていない地元建設業が防災対応などの点で、地域維持のために貢献している実態に光を当てて、建設業界からの視点から地域問題を分析することは重要であろう。

地元自治体は降雪や地震など自然災害発生時に緊急対応する契約を地元建設業者と結んでいるが、その収益はとるに足らないもので、実態はかなりボランティア的な側面が強いことも否定できない。かつては合併前の自治体か

らの指名業者として地元建設業者が、山間部にあって除雪や災害対応を緊急に応じていた背景には、自治体と建設業者の間に、公共事業の発注・受注を通じて互恵的関係が維持されてきたからである。しかし「平成の大合併」による町村合併は、入札方式への競争原理の強化とともに、旧村単位の「排他的受注圏」を崩壊させ、旧自治体と地元建設業者の互恵関係を消滅させてしまった。

　最近では災害が起こるたびに、山間地域で孤立集落の発生が報道されるようになった。そのような背景には、平成の大合併や地元建設業者の衰退などと因果関係がある可能性が高い。災害緊急対応力を維持するうえでも、地元建設業が地域社会に果たしている役割を社会科学的に分析し再評価しなければならない。

2．過疎対策の成果と課題

（1）過疎対策法

　「過疎」という用語が公式に使われ始めたのは1966年のことである。高度経済成長期に地方から大都市への人口移動が進行し、経済審議会において「過密問題」の対極として、「過疎問題」と呼んで検討したのが始まりである。平地の少ない中山間部において、過度の人口減少によって地域社会の基礎的条件の維持が困難になってきている状況が深刻になってきたからである。

　政府はこれら過疎問題の対応に迫られ、1970年度以降4次にわたって議員立法として過疎対策立法を制定し対策を講じてきた。「過疎対策緊急措置法」（1970年度〜1979年度）、「過疎地域振興特別措置法」（1980年度〜1989年度）、「過疎地域活性特別措置法」（1990年度〜1999年度）、「過疎地域自立的特別措置法」（2000年度〜2009年度）、そして現在は「過疎地域自立的特別措置法」の延長法として2010年改正、2012年改正、2014年改正により、現在でも政府による過疎対策が継続している。

1980年代の「過疎地域振興特別措置法」では、過疎債交付税措置率がこれまでの57％から70％に引き上げられ、過疎指定された自治体が過疎債を起債するインセンティブは高まった。1970年代の「過疎対策緊急措置法」の施行による成果として、市町村道改良率は39％、舗装率は55.7％に上昇し、さらにバブル期の1980年代に「過疎地域振興特別措置法」が施行され、成果として、市町村道路改良率は51.2％、舗装率68.6％に向上した。これらの数字は過疎地域に道路等の公共投資が投入され、過疎地域での建設業が受注も盛んとなっていったことを物語っている。

　1970年代後半は「地方の時代」と呼ばれ、2度の石油ショック（1973年と1979年）を経験しながらも地方圏での高速道路、新幹線などの公共事業が増加した。また山村ではダム建設も推進されていった。

　1993年の総選挙で自民党が過半数を割るまでは、自民党一党支配のいわゆる55年体制が続き、自民党議員による地元利益誘導型の政治体質によって、地方に手厚く補助金が配分されていった時代でもあった。

（2）過疎山村の産業の衰退の経緯

　過疎山村が公共事業に依存する経済に移行していった背景には、伝統的な山村の産業の衰退があげられる。第二次世界大戦後、戦後復興ということで鉱業や木材需要が急増し、政府は植林推進を行ない林業が盛んな時代もあったが、1960年代に石炭から石油へと燃料革命が起こり、炭、薪、石炭の需要は低下し、山村の鉱業や林業は打撃を受けた。また、段階的な木材輸入の自由化が始まり、1964年には木材輸入が全面的な自由化となった。1970年代には、ドルショックを端に固定相場制が崩壊し、変動相場制へと移行した。その後の円高ということもあり、輸入材のシェアが上昇していった。1970年代後半までは国産材の価格が比較的高かったが、その後価格は低迷し続けた。わが国の林業従事者は1980年に14.6万人であったが、2015年には4.8万人に減少し、しかも、林業従事者の高齢化が1990年代以降急速に進行した。このように山村経済を支えてきた鉱業、林業、農業などの産業は、時期的にはず

れはあるものの自由貿易の進展とともに次々と衰退していったのである。

　山村の雇用に製造業の果たした役割も看過できない。1970年代に都市部の地価高騰もあり国内製造業の地方分散化が進行し、山村においても、その周辺の通勤圏に製造業の立地が増加し、雇用を確保できるようになった。しかし、グローバリゼーションの影響で生産拠点が海外に流出し、1990年代以降は地方の製造業の撤退が相次ぐようになった。たとえ残存した製造業においても、1990年代後半から業務請負会社へのアウトソーシングによって請負労働者が増加し、2004年には製造業への労働者派遣も認められ、地方における製造業の労働市場での非正規化が進行した。そのため過疎山村に人口を引き止めるための安定した雇用確保はますます困難になっていったのである。

3．公共投資の入札制度改革

（1）公共投資の縮減について

　1960年代前半までは大都市圏を中心に道路、港湾などのインフラを整備するために公共投資が重点的に配分され、高度経済成長を牽引していったが、一方、大都市圏と地方圏の格差が拡大した。1960年代後半には格差解消や国土の均衡ある発展を中心とした政策（新全総等）へシフトした。1977年に策定された三全総では「ナショナルミニマム」の実現による格差是正等の政策によって地方圏へ公共投資が集中することとなり過疎山村の建設業者も活気をみせ、地域経済の重要な役割を担った。1990年代に入ってバブル経済が終焉し、景気浮揚策として公共投資が積極的に行なわれ、過疎山村にも公共事業が配分され続けた。しかし、1997年頃までには財政難から公共投資は大幅に削減された。

　2000年代に入り小泉内閣による「構造改革」が行なわれ、「経済財政運営及び経済社会の構造改革に関する基本方針」いわゆる「骨太の方針」が2001年に閣議決定された。「骨太の方針」では、公共投資の問題点として分野別

配分の硬直性、国主導での地方開発、および欧米諸国と比べて非常に高い投資規模をあげ、これらを踏まえて投資規模の見直しにも言及している。政府の2002年度予算では公共事業関係費は「骨太の方針」の施策を反映して、前年比で1兆3,000億円削減された。公共投資の縮減は、橋本内閣における「財政構造改革5原則」によって行なわれていたが、この「骨太の方針」が公共投資におけるターニングポイントとなり、現在まで続く公共投資の削減の方向性が決定づけられた。

（2）小泉構造改革と入札制度改革

　1993年までは公共投資の一部が建設業者から自民党へ政治献金などとして還流され、自民党の資金源となっていた。そのような内幕が発覚するのが、1993年1月の金丸信のゼネコン汚職事件であった。このことが要因ともなり、1993年の総選挙で自民党が大敗し、55年体制が終焉するが、それまでは自民党の有力議員を排出している地域ではより多くの補助金を獲得することができ、地元利益誘導型の自民党政治の絶頂期であった。競争入札制度の下ということであったが、実質的には公共事業の入札は談合によって受注調整を行なっていた時代であり、談合が政官業の癒着構造の核心であった。

　1986年、関西国際空港建設に米国政府による米国企業参入要求問題を皮切りに、1989年〜1994年までに発覚した公共事業をめぐる入札談合、ヤミ献金、贈収賄事件等の不祥事の発生などにより、指名競争入札制度では談合が行なわれやすく、また発注者と建設業者の癒着を招きやすいため、一般入札制度への転換が喫緊の課題となった。政府は不正の起きにくい入札制度を目標に、1994年一般入札制度を大規模工事に限定して導入することを開始した。

　しかし、1995年から2006年まで官製談合の摘発が続出した。このような官製談合に対する世間の批判が強まるなかで、一般競争入札制度の導入に本格的に移行すべきだという世論が強まった。バブル期、無駄な公共事業が増加し、建築業者の談合、汚職などの問題も発覚し、バブル崩壊後の1990年代に入るとマスコミからの激しい非難にさらされた。

自治体によっては早期に一般競争入札制度に移行する地方自治体も出てきた。たとえば、長野県では2000年に「脱ダム宣言」を唱える田中康夫が知事に就任し、2002年には入札改革を実施した。宮城県でも2003年から強力な入札制度改革を実施した。しかし入札改革を実施すると、落札率（落札価格／予定価格）が急落する問題が発生したため、両県とものちに品質を維持するために「総合評価方式」を導入した。

　国レベルでも、2005年、公共工事品質確保法を制定し、総合評価方式に転換し、一般入札制度の推進を図った。一般競争入札を導入し始めた国土交通省直轄工事でも落札率が1990年代後半に低下し始め、2005年、そして2006年には大幅に落札率が低下した。一般競争入札の枠が拡大した結果、落札率の低下が引き起こされたのは、談合が減少したゆえと解釈される。

　落札率の低下は、同時に建設業の利益率の低下を意味し、その利益率の低下は労務費単価を押し下げ、建設業界での労働市場の供給不足を引き起こした。建設不況と賃金低下のために建設業において若年労働者が減少するという負の副産物も結果としてもたらされた。[1]

　国土交通省直轄工事の落札率の急落が起こった時期は、小泉内閣（2001～2006年）による新自由主義＝ネオリベラルな構造改革が実施されていた時期と一致している。2005年、大手ゼネコンも談合決別宣言を行ない、独占禁止法改正（2006年1月）により市場原理が導入され、入札制度の改革が実施されるに至った。このように小泉内閣時代に、公共事業の入札制度が市場原理導入へとドラスティックに改革された。その結果、建設業界の利益率の低下を招き、建設業界からは反発する意見も出された。

（3）公共工事の入札制度や談合に関する研究と課題

　公共事業を発注する局面での問題点が研究テーマとして多く採用された。入札、契約制度、談合等における問題点についての研究（武田, 1999；亀本, 2003；大野, 2003；鈴木, 2001）や、公共事業を発注する局面での研究、つまり発注に際し地元建設業者を保護するための条件である指名制度や、地域要

件などのもととなる法律である「官公需についての中小企業者の受注の確保に関する法律」（以下、「官公需法」）を中心とした研究（清水, 2007；平井, 2005）や、公共調達に関して競売理論に基づいた入札に関する行動分析（金本, 1991；宇根・西條, 1998）等である。これらの研究は非効率かつ不適切な公共事業の発注形態から脱し、競争原理が適正に働くように建設産業における環境整備を整えることを主眼とした研究である。しかしこれらの先行研究は、地元建設業者の談合体質を批判しているだけで、地元建設業者が地域に資する側面を見落としている。

「競争的で自由な市場経済にゆだねることこそが、効率的でムダのない経済秩序を実現するはずである」（伊藤, 2009, p.79）という信念に突き動かされて、ネオリベラルな構造改革が進行したが、これらの議論は市場原理の負の側面を見落としている。市場経済が完全でないことは、これまでの経験からみても周知の事実である。

行き過ぎた価格競争がもたらす弊害に目を向け、地域レベルでは零細な建設業者の保護・育成が必要であり、それは地域社会の福祉にも貢献する因果関係を社会科学的に実証することが期待され、それによって地域レベルの入札方式の適正な運用方法を提案することができると考えられる。本研究は市場原理の徹底によって、過疎地域の建設業者が弱体化することによる地域社会が被る負の効果について実証的に考察することを課題とする。

4．平成の大合併の過疎山村への影響

（1）平成の大合併の理念

小泉内閣の掲げる「聖域なき構造改革」の一環として、国庫補助金削減、地方交付税の抑制がなされ、地方自治体への税源移譲もなされるはずであったが、財源移譲は不十分であった。特に2004年度は国庫補助金や地方交付税の削減幅が大きく、地方自治体に大きな衝撃が走った。また公共投資が削減

されたために、これまで国土の縁辺部に公共投資が特化していた構造に変化がみられるようになった。また同時期には、財政の効率化を推進する目的で、1999年に合併特例法改正によって、「平成の大合併」と呼ばれる町村合併が進展した。「平成の大合併」による町村合併のピークは2005年〜2006年となり、この小泉内閣の時代に町村合併の件数が急増した。

　平成の大合併は地方自治体を広域化することによって行政の効率化をめざすものであった。これまで自主財源が乏しく国の補助金に依存する過疎山村の地方自治体の多くが、この平成の大合併で町村合併を果たし、事実上、大きな地方自治体に吸収されることとなった。実際、平成の大合併で合併した地方自治体を、都市地域、平地地域、中山間地域の3つで区分すると、中山間地域の自治体が、合併した地方自治体の半分以上を占めたのである。平成の大合併では、国の財政的負担を削減する目的で、中山間地域の地方自治体が特にターゲットとなったことがわかる（佐藤, 2013）。

（2）町村合併に伴う過疎指定された地域への影響

　平成の大合併で町村合併を推進した結果、合併自治体の域内に過疎地域と見なされる区域が含まれるようになった。したがって、過疎指定された過疎関連自治体数は、2002年には1,210であったが、2007年には738に減少した。しかし、同時期に過疎指定された地域の面積は、ほとんど変わっていない。

　2016年の過疎関連市町村数は797である。その内訳は、過疎市町村数は616、市町村合併により過疎地域とみなされる区域を有する市町村数は151（そのうち、過疎とみなされる区域数は293である）、廃置分合等により過疎地域と見なされる市町村数は30である。

　過疎地域の定義は、時代により法律が変わり微妙に変化しているが、過疎地域が地域社会の基本的条件の維持が困難になっている人口流出地域には変わりがない。何らかの対策が必要な地域であり、これまで多額の補助金が投入され、時には無駄な公共投資と映るような箱物がつくられた。しかし、そのような公共投資にもかかわらず、人口流出は止められず、若者と子どもが

減り、高齢者だけが残り集団的な地域・社会生活が維持できない「限界集落」と呼ばれるような集落も増加した。

　合併後、合併自治体内に過疎地指定地区は残っているが、合併前の旧自治体とは違い、合併自治体は広域化した域内の公的資金の地域的配分のバランスを維持するうえでも、また行政の効率化の視点からも、過疎債を積極的に起債する理由が見出せない。この行政の効率化を目標とした町村合併は、国に財源を依存する過疎山村にとって、その地域に投ぜられる公共投資を含めた公的資金は、絶対的にも、相対的にも削減を余儀なくされた。

　以上のように、小泉内閣のネオリベラルな改革によって、過疎山村自治体では、公共投資が削減され、地方交付税も削減されるという財政的な問題に直面し、しかも合併特例債などのインセンティブも付与され、町村合併を選択せざるをえなかった弱小自治体が多かった。

　過疎山村の地元建設業者も公共投資削減によって仕事がなくなるばかりでなく、町村合併によって大きな地方自治体に多くの場合飲み込まれ、さらに市場原理による入札制度改革によって競争が激化するなど、大きな時代的変化の影響を受けることになった。

5．平成の大合併に関する研究と課題

（1）規模の経済効果について

　平成の大合併は、行財政の効率化をめざすものというものであった。その合併効果に関して多くの研究が行なわれてきた。市町村合併における行財政の効率化としては、一般に人口が増加することによって1人当たりの歳出額が低減する「規模の経済」効果が期待できるとされていた（五石, 2012）。しかし一方で、面積の拡大による費用増大による町村合併のデメリットも指摘されている（矢吹, 2010）。

　五石（2012）は、財政および行政の両面から合併の効果を、住民1人当た

りの歳出入規模および自治体職員数の合併前後の変化を、合併自治体と非合併自治体で比較した。結果、合併は「規模の経済」とは逆の効果がみられ、合併自治体より非合併自治体のほうが効率化しているという分析結果を残している。

矢吹（2010）はある程度大きな規模の都市と小規模な自治体同士が合併した場合において、合併し周辺地域となった旧自治体の人口規模が少ない場合は、「規模の経済」が期待できないとし、合併による行政費用の低減効果と面積増加による歳出増大の効果が大きく影響していることを検証した。つまりは元々の行政費用が少なく面積が大きい小規模な自治体ほど、行政費用の削減効果より面積増加による歳出増大の効果が勝り、合併による「規模の経済」が働かないと述べている。

吉田（2003）は、「規模の経済」に着目し、合併時に人口が増加した場合の歳出削減額の分析を行なった。結果、中程度の人口密度をもつ自治体同士の合併で一番効果がみられ、人口密度が低い自治体同士が合併しても、合併の効果は半減し、人口密度が高い自治体同士が合併を行なったとしても、過密化による費用増加がみられ、合併の効果が相殺されると論じている。また、この分析のなかで、自治体同士を比較した際に、同じ人口規模でも、面積が大きく人口密度が低い山間部の自治体のほうが行政費用がかさむと指摘している。

以上のように、町村合併の効果の点では、過疎山村の自治体が町村合併した場合には、その地域の1人当たりの行政コストが高いために、合併による効率化が必ずしも実現できないという問題点が明らかとなっている。

（2）合併した過疎山村の衰退傾向

一方、過疎自治体同士が合併した場合は、一般に負の影響が大きいと報告されている。過疎の村が合併後、地域経済がより疲弊し、人口がより減少し、「過疎の再加速化」が顕著であることが指摘されている（築山, 2013；山本・高野, 2013）。合併によりそれまでの村役場が新自治体の支所に変わり、当然、

村独自の予算がなくなり、住民の立場にたったきめ細かな行政運営が難しくなり、行政サービスが低下し、住民自治機能も低下した。地域内の公務職場も減り、より若年層の就職やUターンが困難となり、ますます人口が減少する。また職員・住民間での情報共有や合意形成の難しさなども指摘されている。したがって、住民の生活は合併前よりも満足度が低下する傾向がある。これら複合的な要因によって「過疎が再加速化」していったのである。

　拡大した合併自治体の領域内では、中心と周辺間の地域格差の拡大も起きていることが報告されている。畠山（2013）は、合併が行なわれ、合併後の市町村の縁辺部に位置づけられた旧自治体では、より過疎化が進むと述べている。つまりは、合併後、本庁舎がおかれた中心地から距離が離れた縁辺部に行くほど人口減少が著しい傾向が認められている。

　森川（2008）は町村合併後、公共投資が中心地へ偏ることを見出している。結果として、縁辺部に位置する地域において公共投資が減少し、地域の建設業者の移転を招いている（畠山, 2013）。このように平成の合併は、過疎地域を切り捨て、都市中心の行政体制づくりをめざすものであった（奥田, 2008）。

６．合併した過疎山村の研究課題

（１）地元建設業者による排他的受注圏の消滅

　1990年代中頃まで公共投資に依存する経済を特徴としてきた過疎山村が、1990年代および2000年代を通して進行したネオリベラルな構造改革を通して、大きな変容を余儀なくされた。過疎指定された山村の自己財源も少ない弱小自治体の多くは、平成の大合併で合併を促され、広域化した合併自治体のなかで中心都市から離れた縁辺地域に再編された。このような自治体の町村合併に関してはすでに多くの研究が蓄積されているが、町村合併によって地元建設業者による公共投資の受注圏がどのように変化したかを調査し、そのうえで地元建設業者の災害緊急対応力がどう変化したかを実証的に考察した研

究は、管見の限り存在しない。

　自治体の地元建設業者は伝統的に談合によって、公共投資の受注調整を行なってきた。その空間的な配置は、それぞれの業者ごとに地域的に市場分割するものであった。談合は村の公共事業を公平に建設業者間で配分することに合理性があると考えられてきた慣習であった。この自治体内の建設業者による自主的な地域分割を、他地区の建設業者に対しては排除していることから、梶田は「排他的受注圏」と呼んだもので、筆者もこの用語を使用する。

　この自治体単位で地元建設業者が公共事業を地域分割して分け合う排他的受注圏は、同業者間相互の安定的受注量の確保による経営的安定をはかる意義ばかりではなく、この地域分割が災害対応の自治体との契約地区ともほぼ重なる。道路工事を施工した地元建設業者が、除雪や復旧工事などの災害対応を行なうことは、災害緊急対応力の点から効率的であり、しかも安全性の点からも合理的である。地理的に離れた建設業者が緊急時に駆けつけることは効率が悪いし、地域の自然や地理を知らずに緊急に対応するのも難しい。

　災害緊急対応力の点から平成の大合併を検証すると、地域社会の脆弱化という要素が関連していることがうかがえる。東日本大震災においても、「もし合併していなかったならば」という市民の声が無数聞こえてきたという。合併した旧自治体の住民が孤立していると報道され、中心部にある役所では、合併した旧自治体の被災状況を把握できず、適切な指示もできなかった[2]。このように孤立地域の発生や支援の遅れが、平成の大合併と密接に関係していることが報告されている（今井, 2013, pp.58-62）。

　本書では、地元建設業の公共事業の受注圏の変化を検証し、それと密接に関係する地元建設業者による災害緊急対応力の水準を考察することによって、平成の大合併を検証する。平成の大合併によって、広域化された自治体で、指名競争入札の指名業者の数は増加し、旧自治体単位で地元に投じられる公共事業を地元建設業者が受注できなくなっている地域が生じている。そのために地元建設業者の災害緊急対応力が低下している状況を実証的に考察した。

（2）調査地域

　調査地域は、A県B市C地区[3]と、埼玉県の過疎指定されている4地区とした。A県B市C地区は2013年7月に現地調査を実施した。

　埼玉県の4つの過疎地域は、秩父市大滝地区（旧大滝村）、小鹿野町両神地区（旧両神村）、神川町神泉地区（旧神泉村）、東秩父村である。これらの調査は、2015年2月、6月、および12月、2016年3月に実施した。

7．本書の構成

　本書の構成は以下の通りである。

　第1章では、わが国の公共投資の時代的な変化を概観した。国土計画の政策目標が時代によって変わり、高度経済成長期に地域格差が拡大し、地域格差を是正する目的で、大都市圏に比べて地方圏への公共投資が増大していった。過疎地域への公共投資もこのような時代に増加していった。バブル経済期やその後の景気浮揚のための公共投資が積極的に行なわれた時代があったが、公共投資は1990年代後半の橋本内閣の時代より減少し、2000年代に小泉内閣による「構造改革」で公共投資の削減の方向性が決定づけられた。ただし、「構造改革」によっても地方圏にとって建設業が地域の根幹をなしている産業であることは変わらないことを示した。

　第2章では、公共工事の公共入札制度の変遷および独禁法を中心とする法制度の変遷について考察した。わが国では明治初期に一般競争入札制度を導入したときがあったが、すぐに工事の品質を維持するために指名競争入札制度に移行し、指名競争入札制度が、基本的に1994年の一般競争入札が大型工事に限定して導入されるまで、わが国では長期にわたって支配的な入札制度として維持された。指名競争入札制度のもとで、業者間の受注調整が行なわれる談合体質も続いていた。ところが、1994年以降、段階的に一般競争入札制度の導入が進み、2005年には独占禁止法改正によって罰則規定も強化され、

2006年には公共事業の落札率も急落する。このような一般競争入札制度への移行の経緯とその問題点を論ずる。

第3章では、地方自治体の公共事業の入札制度において、地元の中小企業を保護・優遇する制度が組み込まれていることについて述べる。2000年代以降、地方自治体においても一般競争入札の適用範囲が拡大したものの、地方自治体は領域内の中小の建設業者を保護する制度として、地域要件、ランク制度、分離分割発注方式などをいくつか組みわせて運用することができる。このような域内の中小企業を保護する制度によって、結果として比較的小規模な地方自治体において、指名競争入札によって談合が可能となり、排他的受注圏が維持される運用が可能であることを示した。

第4章では、A県B市C地区を事例として、縁辺地域における土木業の役割について地域調査を行なった。過疎指定されていたC村は、「平成の大合併」でB市と合併した。合併後C地区に配分される公共投資は合併前よりも減少し、新しい合併自治体のなかでも、相対的に配分額が減少した。合併前からの地元建設業者の商慣習としてC村には、排他的受注圏が存在していた。公表されている入札データから分布図を作成し、合併後も旧C村の境界内で排他的受注圏が維持されていることを示唆する空間的パターンがみられた。

第5章では、埼玉県の過疎地域である4地域を調査地域とした。大滝村は秩父市と合併し、合併自治体である秩父市の入札制度はより競争原理が働く制度となって、大滝地区の建設業者は当該地区に配分される公共投資の落札がなかなかできない状況が生じている。つまり、かつての旧大滝村の排他的受注圏は消滅した事例である。小鹿野町と合併した両神村においても、合併前には成立していた両神村の排他的受注圏が合併後は消滅し、両神地区の建設業者は、両神地区の公共投資もなかなか落札できない状況に陥っている。旧大滝村や旧両神村では、合併したことによって過疎自治体に所在する建設業の公共事業の保護された排他的受注圏は失われ、そのようななかで、地元で失われた売上げを相殺するために、他地域にも進出して受注圏を拡大させているのは、技術力のある比較的規模の大きい建設業者であった。埼玉県の過疎地域の場合、町村合併によって公共工事の入札で市場原理が強化され、

旧来の過疎自治体単位での排他的受注圏が消滅した事例である。

　第6章では、2014年2月の大雪災害において、秩父市大滝地区にはいくつかの孤立集落が発生した。この大雪災害の時に、地元建設業者が果たした災害応急対応力について、聞き取り調査の結果を報告する。孤立集落化した集落は高齢化が著しい地区であり、除雪作業をするボランティアの住民がいないような集落であった。そのため除雪を行なう地元建設業者の果たす役割は重要であったが、過疎化が進んでいる大滝地区では、10年以上前と比較して、除雪に使う重機やそのオペレーターの数がかなり減少していた。災害緊急応急力として、緊急時に重機とオペレーターが直ちに現地に出動できるように存在することはたいへん重要であるが、この点からみると、大滝地区では災害応急対応力は弱体化していた。

　第7章では、結論として、地域調査を行なった地域のなかで、排他的受注圏がかつて成立していた地域で、現在は排他的受注圏が残存している地域と消滅した地域を派生した要因として、町村合併や自治体の入札方式などの違いを比較して整理し、結論を導き出した。

【注】

　1　最近アベノミクスによる公共投資増額で労働力不足が深刻になった。最近は労務単価が上昇に転じている。

　2　1市6町が合併した石巻市では、合併前の旧雄勝町や旧牡鹿町の地域で、住民の孤立が報道された。福島県南相馬市に合併した旧小高町は、合併しなかった自治体のように町長や役場中心の避難行動をとることができず、復旧も遅れた。災害直後からの災害ボランティア・センターを立ち上げるのは社会福祉協議会であるが、合併で災害ボランティア・センターが合併自治体の中心地に立ち上がり、社会福祉協議会がなくなった地域では、ボランティアの受入れや市民のニーズを的確に把握し、適切に振り分けることができない。

　3　A県B市C地区の実態調査において、センシティブな内容が含まれているため、調査地域名は匿名とした。

第1章　公共投資と地域間所得分配

　本章では、過疎地を含む地方圏に対する公共投資の配分とそれに伴う土木需要の変遷およびその経年の変化を分析する。

1．公的資本形成と地域間所得分配政策

　建設業は、建築部門と土木部門に業態が分かれている。建設業法上の業種区分においても、土木一式工事と建築一式工事とに区分され、建築一式工事は民需を中心とし、土木一式工事は政府や各地方公共団体の需要を中心としている。研究の対象となる地方圏の建設業は、建築工事を中心とした民間需要と比較して官需が中心となる土木工事の受注が多く、その時代の行政の政策、公共投資によって業態が変化する。

　1960年代初頭から始まった「国民所得倍増計画」から、2011年に起きた東日本大震災による地方圏への公共投資の重点化の時期まで、国による公共投資と経済政策の推移、それに伴う地方自治体の財政や公共投資を整理することによって、地方圏の建設業に対しての影響を俯瞰していくこととする。

（1）1950年以降から1990年初頭の公共投資と経済政策の推移

　戦後復興を終えた1950年代以降、政府の経済政策の最重要課題は、経済成長の極大化であり、その課題を効率的に達成するために大都市中心の産業基盤整備に重点をおいた公共投資が行なわれた。また、政府は「労働力流動化対策」とよばれる労働市場政策をとることによって急速な工業化により労働

図 1 − 1 : 1 人当たり県民所得の地域間格差（ジニ係数）の推移
出典：内閣府「県民経済計算」、総務省「国勢調査」、「人口推計年報」により筆者作成

　力不足が生じた地域、産業に労働力の再配置を促した（伍賀, 1995）。こうした大都市中心の公共投資や労働力再配置政策も一因となり、地方圏と大都市圏の所得格差は拡大した。

　1960年策定の「国民所得倍増計画」は、1970年までの10年間に国民所得を倍増させようとする計画である。産業発展の基盤施設である道路や港湾は当時、経済成長の隘路となっており（山田, 2003）、この隘路を打開するために太平洋ベルト地帯を中心とした産業基盤整備に重点的に公共投資が行なわれた。「国民所得倍増計画」が策定された時代は、県民所得のジニ係数が高まり地域間所得の格差が戦後最も大きかった時代である。しかし、この時代は極大成長が求められている時代であり、地域政策にまで配慮ができていない時代であった（図 1 − 1 ）。

　その後、所得極大化、高度経済成長への隘路打開、社会資本の拡充をめざした経済計画に転機が訪れた。1965年に策定された「中期経済計画」では、「成長のひずみの是正」が主要なテーマとして掲げられ、これまでの経済計画で生じた大都市の過密化、大都市への人口流出による地方の過疎化、公害問題の顕在化などの問題を改善することが重要な課題となった。

第1章　公共投資と地域間所得分配

　「中期経済計画」は大都市の過密化と地方の過疎化への対策として、国土の均衡ある発展をめざし、主要な政策として、地方圏を中心とした住宅生活環境施設、交通・通信網の整備、農林漁業基盤の拡充をあげている。

　この「中期経済計画」は、わが国における国土政策の転換であり、戦後の経済計画にある極大成長路線から格差解消や国土の均衡ある発展を中心とした政策へシフトした。

　こうした流れのなかで、地域間格差是正の観点から過疎地域に対する政治主導による施策も打ち出された。1970年に成立した過疎地域自立促進特別措置法は議員立法にて制定された法律である。その施策の主眼は、ここに示す同法の第一条が述べているように大都市圏と地方圏の格差是正におかれ、「生産機能及び生活環境の整備等が他の地域に比較して低位にある地域について……これらの地域の自立促進を図り、もって住民福祉の向上、雇用の増大、地域格差の是正及び美しく風格ある国土の形成に寄与することを目的とする」ものであった。

　その後、この格差とひずみを是正する経済政策の流れを引き継ぎ、1970年に「新経済社会発展計画」が策定された。この計画の特徴は、「ナショナルミニマム[2]」という形を通じて格差を是正するという考え方であった。

　同計画の解説書中に、「交通安全、公害および災害の防止などは国民の生命、財産を守る基本要件であり、また、住宅、生活環境の整備については、国は近代国家としての最低水準までは責任を持つべきである。したがって、これらの目的を達成するための社会資本は、優先的に整備されなくてはならない」（岡本・増田, 2001, p.11）との一節がある。

　同じく「ナショナルミニマム」の考え方を取り入れた計画に前年の1969年5月に策定された「新全国総合開発計画（新全総）」がある。計画策定の意義として、「地域格差問題については、1人当たり生産所得の格差よりもむしろ生活水準の格差に問題があるという観点から……[3]」ということが述べられている。

　新幹線、高速道路等のネットワークの整備と大規模開発によって国土利用の偏在を解消し、高度経済成長期に拡大した大都市圏と地方圏の生活水準の

格差を是正するということをめざした（岡本・増田, 2001）。

　これらの計画の策定によって、わが国の地方圏と大都市圏の公共投資の配分に転機が訪れ、1970年代に入ると公共投資の地方圏のシェアは上昇し県民1人当たりのジニ係数も下降した。この1970年代は「新経済社会発展計画」、「新全国総合開発計画（新全総）」などに基づく経済政策、不況対策としての地方圏における公共投資の拡大などの政策から地方圏での社会資本整備が進み、地域間所得格差が小さくなった。

　1973年11月に起きた第1次オイルショック以降、わが国の経済成長が高度経済成長から安定成長に移行したことから、新全総にみられるような大型プロジェクトによる開発方式は経済環境にそぐわなくなり、それに替わって全国土における定住圏を策定するという「定住構想」を、大都市の過密を防ぎ地方圏の過疎問題に対処するための政策の柱に掲げた「第三次全国総合開発計画（三全総）」が1977年に策定された。

　「定住構想」を踏まえた計画の内容として「大都市圏と比較して定住人口の大幅な増加が予想される地方都市の生活環境の整備とその周辺農山漁村の環境整備が優先して図られなければならない[4]」とある。財政難により「新経済社会発展計画」にある「ナショナルミニマム」という国によるインフラの最低水準保証を進めることが困難となったため「ナショナルミニマム」構想から脱却した全国総合開発計画であった（岡本・増田, 2001）。

　その後、1981年に設置された第2次臨時行政調査会（土光臨調）のもとで「増税なき財政改革」が掲げられ、国を挙げて行財政改革が実施された。そのなかで特に公共投資が政策見直しの中心に掲げられ、歳出削減の主なターゲットとなった。こうして公共投資は、1982年度から1987年度までの間、前年度を一度も上回ることがなく公共投資の削減、抑制が続いた。

　一方、1980年代に入ってから日米貿易摩擦の深刻化を背景に内需拡大が大きな政策課題となり、これにより民間活力の活用、「民間活力」がクローズアップされた。

　この「民間活力」を政策の中心として掲げた経済計画として1983年に作成された「1980年代経済社会の展望と指針について」がある。この経済計画に

おいては、「規制の見直し、民間資金の導入等により、住宅・都市再開発、社会資本整備、社会的サービス供給等の各分野で民間の活力の一層の活用を図る」とあり、この頃から民間主導での大規模プロジェクトを推進する「民間版ニューディール」が提言された（山田，2003）。さらに、1986年の「前川レポート」では、内需主導型の経済成長を図るとの提言を行ない、民間活力を活用した都市再開発事業の推進と地方における社会資本整備の推進があげられた。

　こうした流れのなかで1980年代半ば以降、民間活力を活用した地域開発が推進された。1986年には「民間事業者の能力の活用による特定施設の整備の促進に関する臨時措置法（民活法）」が制定された。さらに1987年には「総合保養地域整備法（リゾート法）」が制定されるなど民活による地域開発に拍車がかかっていった。

　1987年に策定された「第四次全国総合開発計画（四全総）」では、「多極分散型国土の形成」が提唱され、東京一極集中を解消するために分散型国土の形成が目指された。こうした政策の方向と分散型国土形成のためには地方圏活性化が重要な課題であり、リゾート法、民活法、財政金融面等の支援策により民間資本による社会資本整備が進められた。

　当時のバブル景気にも支えられ「民間活力」の活用により国土全体に開発ブームが訪れた。地方圏活性化の一例をあげれば、大阪では「新しい近畿の創生計画（すばるプラン）」を掲げ関西国際空港を中心とした官民一体となったウォーターフロント開発（テクノポート大阪）を行ない、東京と大阪という双眼型国土形成をめざした取り組みを行なった[5]。しかし、地方圏活性化を掲げて開発を進めていったものの、開発の対象となるのは地方中核都市とその周辺地域が対象であり、地方圏の過疎化はますます深刻となった。

（2）公共事業の構造変化と「構造改革」までの公共投資と経済政策の推移

　1990年代に入りバブル経済が崩壊することによって、公共事業の構造が変化した。これまでのわが国における地方圏の社会基盤整備を振り返ると、

1960年代における経済成長の隘路打開を目的とした極大成長路線、ひずみの是正による地方圏の社会基盤整備、1970年代のナショナルミニマムという手法による国土の均衡のある発展、1980年代の民間活用による内需拡大策とそれを通じた地方中核都市を主とする地方圏の基盤整備が進行した。

　こうした地方圏の開発の背景にはオイルショックなどによる財政危機を経験しながらも、それなりの経済成長の伸びが期待できたことがあると考えられる。

　しかし、90年代に入りバブル経済崩壊後、財政危機の深刻化が現代に続く公共投資の方向性を決定づけたといえる。1990年6月、日米構造協議において対米貿易黒字に対する風当たりから、アメリカに対して公共投資による内需拡大が公約された。その公約を受けて公共投資基本計画が策定される。内容として、1991年〜2000年までの10年間を対象とし、総額430兆円の公共投資を行なうことが盛り込まれた。

　この公共投資基本計画は1994年および1997年に2度改定される。1994年改定では1995年度〜2004年度の10年間に630兆円（うち弾力枠30兆円）の公共投資を行なうこととし、当初計画より200兆円もの金額が増大された。しかし1997年の公共投資基本計画では、財政危機の影響から一転10年間の計画から1995年度〜2007年度の13年間の計画とし、投資額は630兆円（うち弾力枠30兆円）と変わらないものの、10年計画ベースでの金額は約485兆円と減少させた。年度が進むにつれ1990年代の公共投資は財政危機により当初計画ベースからの見直しを余儀なくされている。

　バブル崩壊後の景気対策のなかで拡大していった公共投資も、結果として財政赤字の深刻化に寄与し、その後の公共投資削減へつながった。政府は、バブル崩壊後の累次にわたる「総合経済対策」のなかで、公共投資の事業規模として約80兆円を投入した。結果、バブル崩壊後の税収の減少と相まって国の財政赤字が深刻化し、巨額の国債残高が積み上がった（福田，2002）。

　このような状況のなか、小泉政権による「構造改革」が行なわれ、2001年に第1回目の「経済財政運営及び経済社会の構造改革に関する基本方針（骨太の方針）」が閣議決定された。この「骨太の方針」は公共事業、社会保障、

第1章　公共投資と地域間所得分配

地方財政の3点に絞って改革の方向性を示している。

　「骨太の方針」では、公共投資の問題点として分野別配分の硬直性、国主導での地方開発および、欧米諸国と比べて非常に高い投資規模があげられており、これらを踏まえて投資規模の見直しにも言及されている。政府の2002年度予算では公共事業関係費は「骨太の方針」の施策を反映して、前年比で1兆3,000億円削減された。

　地方財政に関連しては「平成の大合併」が推進され、そのための方策として「合併算定替」「合併特例債」「合併推進のための補助制度」などの合併優遇制度が導入された。

　合併特例債は、合併後10年にわたり事業費の95％まで充当できることから地方域内での公共事業を起こす際には、合併特例債を使用した事業が多い。この「平成の大合併」を行なう理由として山田（2005）は財政危機に対応した行政の効率化、特に地方財政関係費の縮小再編を強調している。

（3）公的資本形成と地域間公共投資配分

　前項では、国による公共投資の流れをみてきたが、ここではわが国における公的固定資本形成の推移とそれに伴う地域間所得再分配政策をみてゆくこととする。わが国における公的固定資本形成の推移は図1－2（次頁）の通りである。

　公的固定資本形成は1950年代後半以降「国民所得倍増計画」、「中期経済計画」などに基づく経済政策によって順調に増加したが、1973年のオイルショック以降その伸びは鈍化し、1981年の財政改革（土光臨調）によりほぼ横ばいとなった。その後、日米貿易摩擦を背景とした内需拡大策等により、80年代半ば以降、公的固定資本形成の増加に転じた。90年代に入ってからもバブル景気後の不況対策を反映して公的総資本形成は増加していった。

図1－2：公的固定資本形成（Ig）の推移
出典：内閣府「国民経済計算」、総務省「行政投資実績」

　しかし、小泉政権による「構造改革」が行なわれた2001年以降、公的総資本形成は大幅に減少していった。2009年に公的固定資本形成が一時期増加しているが、これは、2008年秋に起きたリーマンショックを契機とする世界金融危機に対応するための、麻生政権による「経済危機対策」によるものである。この時の経済対策の投資額は、約56兆円と戦後の経済対策では最大のものであった。その後、2011年3月11日、東日本大震災が起きたことから、2011年から公的資本形成が再び増加することとなる。
　わが国では、裁量的財政政策の手段として公共投資政策が用いられてきた（宮崎, 2008）。景気と公共投資の関係を図にすると、以下の通りとなる。
　図1－3は、GDP成長率と公的固定資本形成成長率の推移と、景気変動の山から谷までを図にしたもので、図1－4は、公的固定資本形成の対GDP比の推移を図にしたものである。
　日本経済は、1960年から2014年まで12回の景気循環の経験をしているが、1960年以降、1981年の財政改革までの景気後退期では公共投資の増加が行なわれている。

第1章　公共投資と地域間所得分配

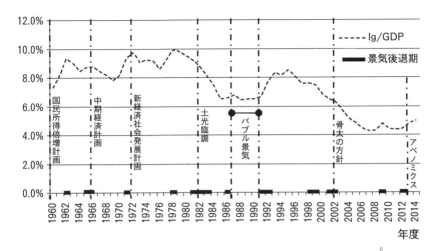

図1－3：公的固定資本形成（Ig）成長率とGDP成長率、景気変動

出典：水田（1999）、内閣府「国民経済計算」、「景気基準日付」総務省「行政投資実績」
　　　を参考に筆者作成

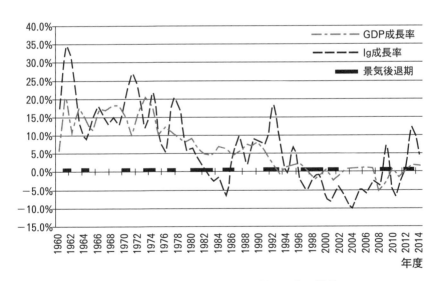

図1－4：公的固定資本形成の対GDP比の推移

出典：水田（1999）、内閣府「国民経済計算」、「景気基準日付」総務省「行政投資実績」
　　　を参考に筆者作成

その後80年代半ばまでは、不況対策のための公共投資の増加は行なわれず、ほぼ横ばいで推移していったが、その後の内需拡大策、バブル景気以降の不況対策のために再び公的資本形成は増加した。しかしながら小泉政権による「構造改革」以降、公的資本形成は景気の状況に関わりなく大幅に減少していることがみてとれる。

　1960年から2001年までのGDPに占める公的資本形成の比率をみると、国はインフラ整備という観点と不況対策という視点から公共事業を行なっていたことがうかがえる。2001年以降は、国の財政が悪化するなか、小泉内閣による「構造改革」が影響して公共投資が減少していった。その後、2011年に東日本大震災が起き、震災復興と経済対策からGDPに占める公的資本形成が増大していった。

　それでは、国による大都市圏と地方圏の公共投資の配分は、どのように推移したのだろうか？　それを表わすのが、図1－5、図1－6である。

　公共投資の地域間配分は1970年から地方圏への増加の傾向がみられる。これは「新全国総合開発計画（新全総）」、「新経済社会発展計画」などにみられる国の経済政策の転換をターニングポイントとした公共投資の地域配分の変化が表われたものである。

　図1－5をみると、「新全国総合開発計画（新全総）」、「新経済社会発展計画」が策定された1969年から1970年を境にして大都市圏と地方圏の公共投資のシェアが変化している。

　その後1986年から再び大都市圏の公共投資のシェアは拡大方向へ推移した。これは、バブル景気と相まって「民間活力」の活用による開発ブームが訪れたため、大都市への公共投資の配分が増加したものと考えられる。バブル経済崩壊後の1993年以降は、不況と重なって雇用維持のための公共投資が行なわれた。そのことを反映して1993年から1998年までの地方圏のシェアは大都市圏のシェアに近づいていった。

　2000年代半ば以降は、効率性がより重視されるようになったため、地方圏のシェアは若干低下していた。しかし、東日本大震災の影響により、公共投資は再び地方圏に回帰した。

第 1 章　公共投資と地域間所得分配

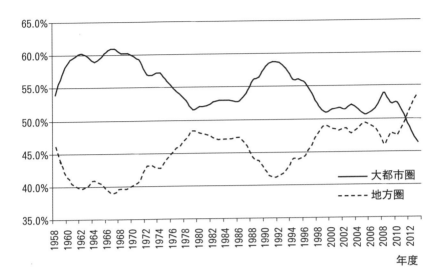

図 1 − 5 : 公共投資の地域間配分比率
出典：岡本、増田（2001）、総務省「行政投資実績」[7]を参考に筆者作成

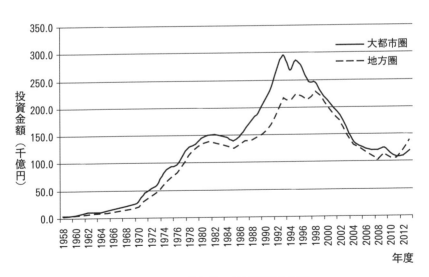

図 1 − 6 : 公共投資の地域間配分金額
出典：総務省「行政投資実績」

（4）公共投資の地域特性

　公共投資の投資目的は大都市圏と地方圏では大きく異なる（梶田，2002；林，2004）。ここでは、「行政投資実績」を主な資料として公共投資の地域的特性を検討する。行政投資実績は、行政投資を事業目的別に分類していることから、大都市圏と地方圏の地域特性を分析するのに適したデータを提供する。

　行政投資はその目的に応じて、以下の表1－1の通り5部門に分類されている。

　わが国の公共投資の地域的特性を検討するにあたり、大都市圏と地方圏の人口と可住地面積をまとめた。これは、人口の集中度と可住地面積による公共投資の地域的特性を把握するためである。

　わが国における人口と可住地面積を大都市圏と地方圏に分別した結果、人口は、大都市圏が構成比63.0％、地方圏が37.0％と大都市圏が多く分布している。可住地面積は、都市圏が少なく33.6％、地方圏が66.4％と多くを占める。

表1－1：事業目的別行政投資の分類

部　　門	行政投資目的
生活基盤投資	市町村道、街路、住宅、都市計画、環境衛生、厚生福祉、文教施設、水道、下水道
産業基盤投資	国県道、港湾、空港および工業用水
農林水産投資	農林水産関係
国土保全投資	治山治水および海岸保全
その他の投資	失業対策、災害復旧、官庁営繕、鉄道、地下鉄、電気、ガス等の上記以外の投資

出典：総務省「行政投資実績」

表1－2：大都市圏と地方圏の人口と可住地面積と構成比[8]

	人口（千人）	可住地面積（ha）	人口構成比	可住地面積構成比
全　国	127,768	12,194,121	100%	100%
大都市圏	80,490	4,093,939	63.0%	33.6%
地方圏	47,278	8,100,182	37.0%	66.4%

出典：総務省「国勢調査」,国土交通省「平成21年度土地所有・利用の概況」[9]

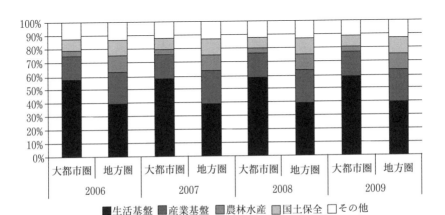

図1－7：大都市圏と地方圏における事業目的別行政投資額推移
出典：総務省「行政投資実績」より筆者作成

わが国の人口の半数以上が、国土の約34％に集中していることがわかる。

それでは、大都市圏と地方圏とでは公共投資に関し、どのような性質の違いがあるのか、事業目的別に行政投資を大都市圏と地方圏に分類し、その地域的特性をみることとする。

図1－7が示すように、大都市圏における行政投資の特徴として住宅、厚生福祉を含む生活基盤投資が著しく大きく、産業基盤、農林水産などの投資が低いことが読み取れる。次に地方圏であるが、大都市圏と同じように生活基盤投資が投資金額の多くを占めるが、国県道、港湾を投資の対象とした産業基盤投資が大都市圏と比較して高い数字で推移していることがみてとれる。

また、農林水産投資、国土保全投資も大都市圏の投資金額よりも高い水準で推移している。大都市圏と比較して地方圏では自然環境が厳しく国土の基盤整備が立ち遅れ、産業基盤、農林水産、国土保全の各投資が高いと考えられる。

　次に、１人当たり投資額、可住地面積当たりの投資額の推移から地域特性を検討する。

　表１－３は１人当たり、面積当たり額を投資部門別に集計している。行政投資額の絶対値では、国土の約34％に総人口の63％が集積している大都市圏のほうが大きいが、地方圏の過疎、大都市圏の過密という人口動態の影響もあることから１人当たりの投資額は大都市圏を上回っている。

　１人当たり額でみていくと、産業基盤は1990年の地方圏が大都市圏の約1.2倍上回っており、さらに年代が進むにつれ1.6倍を上回った。この５部門のなかで格差が最大なのは、地方圏と都市圏の産業構造の違いを反映して農林水産部門である。生活基盤も90年では大都市圏の投資額が上回っていたが、年代が進むにつれ地方圏が上回るようになった。

　次に、面積当たり額では大都市圏が地方圏を大きく上回っている。90年では、生活基盤が約４倍、産業基盤が約2.1倍、大都市圏に対する投資額が多い。05年になると生活基盤が約2.9倍、産業基盤が1.4倍と格差が縮小している。農林水産部門においては地方圏の行政投資が上回っているが、可住地面積当たりでは総じて大都市圏が地方圏を上回っている。

　これらの大都市圏と地方圏の行政投資の性質は、経年的には大都市圏、地方圏ともに投資金額に関しては縮小傾向であるが、投資の内容は異なってくる。大都市圏では生活基盤が高く、地方圏では産業基盤や農林水産が高く、社会資本に対する需要の違いが反映されている。

　行政投資の経年変化を検討すると、近年では1995年をピークとして公共投資額が減少している。特に地方圏の建設業に関わりのある産業基盤、農林水産部門の投資額はピーク時の1995年と2005年を比較すると約50％にまで減少している。

第1章　公共投資と地域間所得分配

表1－3：大都市圏と地方圏の1人当たり、可住地面積当たり行政投資額

1990年　単位：円，ha

	大都市圏		地方圏		全　国	
	1人当たり額	面積当たり額	1人当たり額	面積当たり額	1人当たり額	面積当たり額
生活基盤	154,011	2,866,093	123,165	721,090	142,177	1,441,232
産業基盤	48,859	909,247	73,800	432,075	58,428	592,276
農林水産	13,138	244,502	48,383	283,267	26,660	270,252
国土保全	19,269	358,588	35,476	207,701	25,487	258,358
そ の 他	44,996	837,356	44,762	262,069	44,906	455,210
合　　計	280,273	5,215,786	325,586	1,906,202	297,658	3,017,328

1995年　単位：円，ha

	大都市圏		地方圏		全　国	
	1人当たり額	面積当たり額	1人当たり額	面積当たり額	1人当たり額	面積当たり額
生活基盤	203,020	3,856,702	182,104	1,074,590	195,059	2,008,628
産業基盤	59,546	1,131,173	107,253	632,895	77,706	800,181
農林水産	17,363	329,843	72,460	427,581	38,336	394,767
国土保全	26,376	501,063	50,230	296,405	35,456	365,114
そ の 他	60,512	1,149,523	55,883	329,766	58,750	604,983
合　　計	366,817	6,968,304	467,930	2,761,237	405,307	4,173,673

2000年　単位：円，ha

	大都市圏		地方圏		全　国	
	1人当たり額	面積当たり額	1人当たり額	面積当たり額	1人当たり額	面積当たり額
生活基盤	144,756	2,799,276	162,532	162,532	151,445	1,441,232
産業基盤	53,917	1,042,638	102,308	603,196	72,125	592,276
農林水産	12,294	237,749	58,193	343,100	29,565	270,252
国土保全	21,743	420,472	48,834	287,920	31,937	258,358
そ の 他	36,582	707,415	48,418	285,471	285,471	455,210
合　　計	269,292	5,207,550	420,285	2,477,958	326,108	3,017,328

2005年　単位：円

	大都市圏		地方圏		全　国	
	1人当たり額	面積当たり額	1人当たり額	面積当たり額	1人当たり額	面積当たり額
生活基盤	92,225	1,813,212	104,256	608,505	96,677	1,012,961
産業基盤	26,046	512,085	62,272	363,458	39,451	413,356
農林水産	6,951	136,655	33,240	194,011	16,679	174,754
国土保全	13,930	273,881	29,787	173,855	19,798	207,437
そ の 他	20,909	411,087	36,654	213,934	26,735	280,124
合　　計	160,061	3,146,920	266,209	1,553,763	199,340	2,088,632

出典：山田（2003）、総務省「国勢調査」「行政投資実績」
　　　国土交通省「平成21年度土地所有・利用概況」を参考に筆者作成

行政投資の性質によって1人当たりの投資額と面積当たりの投資額の意味は変わってくる。たとえば、国県道、港湾、空港などを主な投資の対象とした産業基盤部門は可住地面積に対する投資額の大きさが重要になってくる。厚生福祉などの対人サービスに関わる部門を投資の対象とする生活基盤部門では1人当たりの投資額が重要視されてくる（山田, 2005）。

　先にも述べたが、地方圏は国土の約66％を占めていながら産業基盤、農林水産などの絶対額が少なく、経年で減少している。地方圏の基幹産業の一つである土木業においても、官公需をメインとしているため仕事量が減少している。

2．土木需要と土木業の発達

　本節では、地方圏における土木需要と建設業の業態変化を検討するために、公共投資の土木部門および建設業の従事者の地域特性、経年変化を分析する。

（1）地方圏における土木需要

　建設業は、大きく分けて建設部門と土木部門の2つの部門に分けられる。表1-4が示すように、土木部門は政府投資74％、民間投資が26％の比率となることから、政府が主な発注者となり、建築部門は政府投資が7％、民間投資93％の比率となることから民間が主な発注者となる。

表1-4：2008年度建設投資額構成比（名目値）

	政府投資額		民間投資額		計	
	金　　額	構成比	金　　額	構成比	金　　額	構成比
土　　木	146,507	74%	50,582	26%	197,089	100%
建　　築	20,670	7%	263,758	93%	284,428	100%

出典：国土交通省「建設投資の推移」単位：億円

第1章　公共投資と地域間所得分配

表1－5：2008年度地域別建設投資額構成比[11]（名目値）

	民間建築投資	民間土木投資	民間投資計
関　東	105,189	18,685	123,874
北海道	8,401	1,191	9,592
	政府建築投資	政府土木投資	政府投資計
関　東	6,359	36,885	43,244
北海道	1,120	12,748	13,868
	域内投資計	民間投資構成比	政府投資構成比
関　東	167,118	74.1%	25.9%
北海道	23,460	40.9%	59.1%

出典：国土交通省「地域別建設投資」単位：億円

　冒頭にも述べたが、地方圏の建設業は民間需要が主体となる建築部門が少なく、公需が主体となる土木部門がメインの業態となる。たとえば、東京を内包する関東の建設投資と北海道[10]の建設投資を比較して地域の建設投資の違いをみると、表1－5の通りとなる。

　関東と北海道では投資規模や内容も異なる。投資規模は東京を内包する関東圏のほうが大きい。投資の内容は関東が民間による建築需要が多いのに対して、北海道では政府による土木投資のほうが大きい。地域によって建築と土木のそれぞれの地域需要が異なっている。

　図1－8（次頁）および図1－9は、都道府県別人口1人当たりの政府による土木投資、民間による建築投資をまとめたものである。図1－8を見ると北海道、岩手などの東北圏、新潟、福井などの北陸圏、鳥取、島根などの中国圏などの地方圏を主体として政府による土木投資の特化係数は高い。特に新潟、島根などは特化係数が1.6から2.0以上と高い数値で推移していることから、政府による土木投資は地方圏を中心に行なわれていることがわかる。大都市圏に目を向けると、東京、大阪等といった大都市圏の特化係数は1.0以下となることから、地方圏の都市と比較して政府による土木投資は低くない。

　また、図1－9を見ると、東京、大阪などの大都市圏は民間による建築投

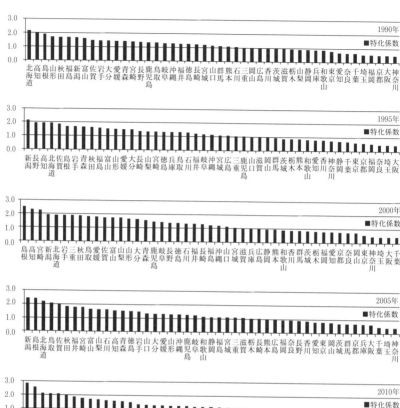

図1−8:人口1人当たりの政府土木投資部門完成工事高の特化係数[12]と推移
出典:梶田(1999)、総務省「都道府県別人口」、国土交通省「建設総合統計」を参考に作成

資の特化係数が1.0以上と他府県と比較して高い数値で推移しているが、政府土木投資部門において特化係数が高い地方圏は、民間建築投資の特化係数は低い。このことから、地方圏の建設業は土木業を主体として活動していることがわかる。

特化係数の経年変化での特徴をみてゆくと、1990年は図1−5(37頁)、図1−6(37頁)にあるように、大都市圏と地方圏の投資配分、金額がもっと

第1章　公共投資と地域間所得分配

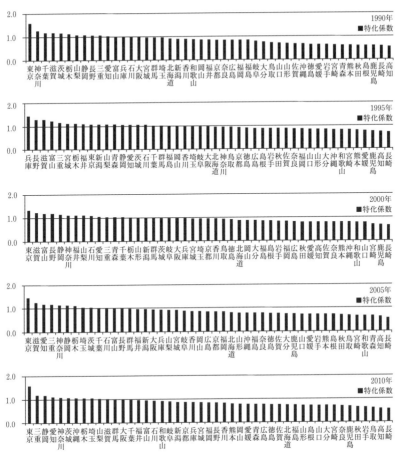

図1−9：人口1人当たりの民間建築投資部門完成工事高の特化係数と推移
出典：梶田（1999）、総務省「都道府県別人口」、国土交通省「建設総合統計」を参考に作成

も乖離した年度であったが、地方圏の政府投資による土木工事の特化係数は他の年度と比較してほぼ同様の特化係数であった。1990年は、東京を中心に民間による建築工事が盛んな年度であった。

　1995年はバブル景気が崩壊し、不況に陥った。その対策による公共投資が増大している年である。地方圏に政府主体の公共投資が行なわれ、首都圏などの大都市圏は政府による公共投資は減少している（図1−5参照）。1995年

45

は、「阪神・淡路大震災」の影響により、兵庫の民間建築投資部門の特化係数が高くなった。2000年に入ると図1－6にあるように、大都市圏と地方圏の投資金額が近づくにつれて、地方圏に対して政府による土木投資の分配が増大したと考えられ、特化係数が東北圏、北陸圏を中心に上昇していった。しかし、2000年以降の政府による投資額の下降から特化係数の大きな動きは2005年、2010年とあまりみられない。このことから、土木投資の地域特性が固定化してきていると思われる。

（2）土木業者配置の地域的特性

　前項にて、政府、民間による建築、土木投資の地域的特性をみてきた、図1－8および図1－9が示すように、政府による土木投資の特化係数は地方圏を中心として高く、民間による建築投資の特化係数は大都市圏が高い。このことから政府による土木投資は地方圏を主として行なわれているといえる。

　政府による土木投資を受けることによって地方圏の建設業は、土木部門を主力として成長していった。この項では、前項の分析結果を踏まえて土木業者配置の地域的特性と経年の変化を検討する。

　図1－10および図1－11は、各都道府県別の全事業所に対する建設事業者数と、その割合をまとめたものである。

　1996年時の建設業者の地域的特性をみてみると、政府による土木投資の特化係数が高い地域に建設事業者の占める比率が高い。また、政府による土木投資が多い地域において、建設事業者が全事業者に占める比率は、9～13％と比較的高く地方産業の根幹を成していると考えられる。相対的に建設事業者の比率が低い地域は、政府による土木投資の特化係数が低い地域、東京、大阪、京都等の大都市圏とその周辺地域にみられる。

　これらの建設事業者が全事業者に占める比率が高い地域においては、2006年時の全事業者に占める建設事業者の比率が1996年時より下がったが、依然として9～12％と高い比率を占めている。特に新潟県は1996年、2006年を通して建設業の比率が高く、前項の図1－8においても政府による土木投資が

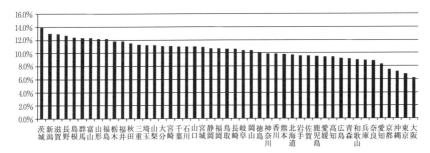

図1-10：1996年度における各都道府県全事業所数に対する建設業事業所数の比率
出典：総務省「事業所・企業統計調査」をもとに作成[13]

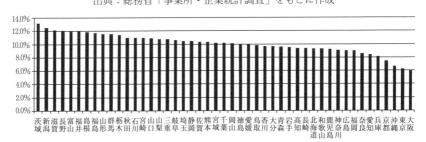

図1-11：2006年度における各都道府県全事業所数に対する建設業事業所数の比率
出典：総務省「事業所・企業統計調査」をもとに作成

他県より比較的高い県である。民間による建築投資が高い地域、東京等は変わらず建設事業者の比率は低いまま推移している。

2001年、小泉政権による「構造改革」が進み公共事業費の大幅な削減が進んでいるなかで、建設事業者の占める比率が1996年～2006年の10年間それほど下がっていないということは、地方圏において地域の根幹を成している産業であるという建設業の位置づけが変化していないということを示している。

3．小　括

1960年代、わが国では極大成長の隘路を打開するために、産業基盤である空港、港湾、道路等などの整備が大都市中心に行なわれた。これにより、

1960年代前半の建設業従事者は、東京、大阪などの大都市圏を中心に集積していった。しかし1965年の「中期経済計画」をターニングポイントとして、1960年後半以降、地方圏での公共投資が活発化した。その後、「ナショナルミニマム」の実現という形で地域間の格差是正が図られるようになり、新幹線、高速道路などのネットワークを通じて国土利用の偏在を解消する経済政策がとられた。これにより地方圏に政府による土木投資と建設事業者が集中することとなった。

　建設業は主として公需に依存し対GDP比でみた公共投資額は、不況時になると上昇する。その地域配分は、1969年から1970年を境にして大都市圏と地方圏の公共投資のシェアに変化が訪れ、地方圏への投資金額が増大していった。その後バブル景気のなか、大都市圏に開発ブームが訪れ、再び大都市圏への配分が増大したが、バブル経済が終焉するとともに大都市圏と地方圏の公共投資の配分が近づいていった。

　その投資の性質は、大都市圏は生活基盤中心の投資に対し、地方圏は大都市圏と比較して産業基盤、農林水産、国土保全の投資比率が多い。これは地方圏ほど基礎的な国土の基盤整備が立ち遅れ、社会資本のストックの整備が遅れているためと考えられる。

　建設投資の特性を都道府県別1人当たり完成工事高の特化係数で俯瞰すると、1995年以降大きな変動はなく、その建設投資の特性は固定化されてきていると考えることができる。また、都道府県別の全事業者に対する建設事業者の比率を俯瞰しても、総じて微減はしているが特に大きな変化はみられない。このことから、建設投資の減少にもかかわらず、地方圏において建設業が地域の根幹を成している産業であることが変わらないということがうかがえる。

【注】
　1　県民所得は、平成元年度までは68SNA、平成2年度以降は93SNAに基づく数値。県民1人当たり所得は1971年まで沖縄県を考慮していない。
　2　ナショナルミニマムとは、国が憲法25条に基づき全国民に対し保障する「健康で文化的な最低限度の生活」水準である。（厚生労働省、ナショナルミ

ニマム研究会2010年 6 月中間報告）

3　国土交通省国土政策局Webページ

　　http://www.kokudokeikaku.go.jp/document_archives/ayumi/23.pdf

　　（2012-11-1参照）

4　国土交通省国土政策局Webページ

　　http://www.kokudokeikaku.go.jp/document_archives/ayumi/24.pdf

　　（2012-11-1参照）

5　 大阪市Webページ：http://www.city.osaka.lg.jp/shiseikaikakushitsu/

　　page/0000035834.ht（2012-10-29参照）

6　景気後退期は内閣府発表の「景気基準日付」を採用した。

7　先行研究にならい大都市圏は関東 1 都 8 県（東京、埼玉、神奈川、千葉、

　　茨城、栃木、群馬、山梨、長野）、東海 4 県（愛知、静岡、岐阜、三重）、近

　　畿 2 府 4 県（大阪、京都、兵庫、奈良、滋賀、和歌山）を指す。地方圏はこ

　　れを除く28県を地方圏とした。

8　図 1 － 5 と同様に大都市圏は関東 1 都 8 県（東京、埼玉、神奈川、千葉、

　　茨城、栃木、群馬、山梨、長野）、東海 4 県（愛知、静岡、岐阜、三重）、近

　　畿 2 府 4 県（大阪、京都、兵庫、奈良、滋賀、和歌山）を指す。地方圏はこ

　　れを除く28県を地方圏とした。

9　人口は、2005年国勢調査値。

10　北海道単体で高い過疎市町村率を記録していることから、比較地として選

　　定した（過疎市町村率：79.9％）。

11　関東とは国土交通省の地域分けで、茨城県、栃木県、群馬県、埼玉県、千

　　葉県、東京都、神奈川県、山梨県、長野県を指す。

12　各都道府県の 1 人当たり完成工事高を全国平均の 1 人当たり完成工事高で

　　除した係数のことで、この係数が 1 よりも大きければ、当該都道府県の各投

　　資部門に対するウエイトが全体に比べ大きいことを意味する。

13　「事業所・企業統計調査」の分類では、土木業、建築業の分類分けがされて

　　いないため、建設事業者の数値を使用した。分類分けがされていないことか

　　ら建築専門業者の数値も含まれている。

第2章　公共事業の入札制度の変遷

　本章では、入札制度の変遷および独占禁止法を中心とする法制度の変遷について検討する。わが国では公共事業の入札は、明治以来、指名競争入札によって地域の公共事業を地元建設業間で受注調整する談合が行なわれてきた。それは1977年の独占禁止法改正まで基本的に維持されてきたが、1989年の日米構造会議以降、アメリカの圧力を受けて、談合が公正取引委員会に摘発される事件が相次ぐようになり、1994年には一般競争入札制度が導入されるに至った。1994年以来、地方においても「官製談合」に絡む汚職事件の摘発も相次いだ。

　2005年には日本道路公団発注の橋梁工事における官製談合が摘発された。このような大型の談合事件の摘発に触発され、よりいっそう一般競争入札の適用拡大が迫られた国土交通省は、2005年および2007年に段階的に一般入札制度の枠を拡大した。同時に2005年には独占禁止法改正による罰則強化も強化され、2006年には公共事業の落札率は急落し、長期にわたって建設不況にあえぐ建設業界にとって、市場原理の導入による価格低下は大きな打撃となった。

　市場原理の導入という一連の小泉改革は、入札制度の見直しで地方における公共投資を通しての自民党への金の流れを変え、公共工事の入札は市場原理が支配するようになり、地方の建設業の談合体質が一掃され、結果として建設業の淘汰が進んでいった。地元建設業協会の受注調整がなくなった地域では、同時に災害時対応の協定がなくなり、災害対策が立てられなくなった自治体もある。ただし依然として地元建設業協会が受注調整を行なっている保守的な地域も存在している。

　災害時に重機や人手を提供するなど社会インフラの維持＝地域維持のため

に地域に密着した建設業を保護していくことも、地方自治体として重要な課題である。独占禁止法の改正と罰則強化、そして指名競争入札から一般競争入札の適用拡大は、資本力がものをいう世界となり、地域社会とは無縁な企業が落札するなど地域の弱小の地域建設業者の存立を脅かし、ひいては地域住民の安全と生活基盤をリスクに晒すものでもある。本章は、入札制度改革の時代的変遷を論じ、防災などの目的での緊急対応してきた地域建設業者を保護するシステムが手薄になった制度的背景を検討する。

1. 公共事業における発注システムの変遷

わが国の公共事業の入札制度は、独占禁止法等の法制度の変革と談合事件の影響で大きく変化してきた。入札制の時代区分として、鈴木（2001）、森下（2012）等を参考にし、筆者は以下の5つの時期を行なった（表2－1）。

第1期は、1889（明治22）年に公布された明治会計法から1946（昭和21）年までの明治期から戦後直後までである。

表2－1：入札制度における時代区分

年　代	制度変遷	
	入札制度の変遷	刑法および独占禁止法
1889年～1946年	入札契約制度の確立（一般競争入札制度から指名競争入札制度へ）	旧刑法による談合罪
1947年～1977年	総合評価方式制度と最低落札価格制度の導入	独占禁止法制定から課徴金制度導入前夜
1978年～1992年	第一次入札契約制度改革（指名競争入札の厳格化一般競争入札制度導入の見送り，1984年）	課徴金制度導入と建設工事入札談合摘発活発化
1993年～2001年	第二次入札契約制度改革ゼネコン汚職と米国からの外圧による一般競争入札制度導入（1994年）	米国からの外圧による独占禁止法の強化
2002年～現　在	第三次入札契約制度改革（品確法制定および総合評価入札制度の本格的な導入，2005年）	官製談合の摘発展開期と「官製談合防止法」の制定

出典：鈴木（2001）、森下（2012, p.2）を参考に筆者作成

第2章　公共事業の入札制度の変遷

　第2期は、1947（昭和22）年から1977（昭和52）年までの時期である。この時代は、戦前に構築された入札制度の潮流が色濃く残っており、入札制度的にも大きな変化はみられない時代であった。また、独占禁止法においては、独占禁止法が制定され談合を行なった者に対する課徴金制度が導入される以前であり、この時期は公正取引委員会も建設産業に対して活発な動きもなく、入札談合に対する法的処置がとられた事例は1件もなかった。

　第3期は、1978（昭和53）年から1992（平成4）年までの時期である。この時代は、1977年独占禁止法改正により課徴金制度が導入されたため、これまで法的処置がされなかった建設産業に対しても公正取引委員会による法的処置が行なわれ始めた。ゼネコンが関わる入札談合について初の摘発、公正取引委員会による審決がでた「静岡事件」（58頁参照）が起こり、この事件の反省から第一次入札契約制度改革が行なわれた時代であった。

　第4期は、1993年から2001年までの時期である。この時期は大きなターニングポイントとして、米国からの外圧（日米構造会議）により、1994年にわが国の公共調達の主流であった指名競争入札制度から、国直轄事業の大規模工事は一般競争入札制度が適用拡大された大きな転換期となった。つまりは、独占禁止法の強化と一般競争入札制度の適用拡大という改革が行なわれた時代である。

　第5期は、官主導による入札談合事件が多発し、2002年「官製談合防止法」が制定された。そのような批判の高まりのなか、2005年から一般競争入札制度が拡大し、公共工事の品質確保の観点から、2005年に「公共工事の品質確保の促進に関する法律」（以下、品確法）が制定され、また2005年は総合評価落札方式の導入等、第三次入札契約制度改革が起きた年でもある。

　この5つの時期区分のなかでも、米国よりの外圧を受けた結果、日本の入札制度は1994年以降大きく変化した。これまでの日本の伝統的入札制度とは違い、競争原理を前面に押し出した制度に変化した1994年を一つの分水嶺として区分を行なうと、明治期における建設産業に関わる入札制度が確立され運用された1889年〜1993年までの時代が日本の伝統的な中小企業を保護する制度が維持されてきた時期となる。この時期は談合によって受注者が決まる

53

地域市場主義的傾向に特徴があった。第5期以降、日本の公共工事入札制度の大きな変遷は、米国による外圧と談合や建設業界への国民による批判によって、閉鎖的であった建設市場開放の潮流であり、その潮流は現在まで続いている。

　以上の時期区分に基づき、わが国の公共事業の入札制度の変遷を概観し、一般競争入札制度の初期の導入期から本格導入期までの過程とその問題点を考察する。

２．1993年以前までの入札制度の歴史

（１）1889年から1946年の公共事業の契約方式について

　わが国における公共事業の契約方式、つまりは、公共調達の基本制度を確立した法律は、1889（明治22）年に制定された明治会計法である（大野, 2003）。明治会計法における公共調達は「一般競争入札制度」を基本原則[1]としていた。明治会計法においては、政府資産の売買に対して、政府が積算を行ない、積算価格を制限価格として設定していた。政府が物品およびサービスを購入する場合には予定価格に対する価格上限値を、物品や土地等を売却する場合には、価格の下限値を定めていた。

　その後、1900（明治33）年に発令された勅令280号において、「指名競争入札制度[2]」が制定された。その理由として、無制限の価格競争だけで請負業者が決まるため、粗悪業者が安価で入札を行ない、結果として優良な業者が排除される恐れや、粗悪工事が発生するなど、弊害が少なくなかったからである（木下, 2012）。当時、価格だけの無限の競争に陥る可能性を排除できないことから、1920（大正9）年に制定の「道路工事執行令」において価格の下限値を定めていた。また、談合や入札妨害、官憲による予定価格の漏洩などが多発していたことも一因であるという。このような原因から、信用のおける業者を中心とした指名競争入札制度の運用が拡大され、入札における弊害

が危惧されていた一般競争入札制度の適用が減少した。しかし、指名競争入札制度が制定された後においても、入札談合は、依然として行なわれていた。

勅令から、正式に指名競争入札制度が会計法上に記載されるのは、1921（大正10）年、大正会計法の制定からである。指名競争入札制度は、一般競争入札の例外として規定されており、一般競争入札が適当でないと判断される限り、指名競争入札に附するとされた。しかし、実際の運用は、指名競争入札制度が多用されていた。

時代は昭和に入り、日本全体が戦時体制下におかれると、1942（昭和17）年「会計法戦時特例」が制定された。「会計法戦時特例」では、これまで公共調達においては特例として、指名競争入札制度が認められていたものが、広範囲に運用が拡大された。

この明治会計法から戦時下における公共調達の変遷を図でまとめると、図2－1の通りである。

明治会計法では、一般競争入札制度より始まったが、一般競争入札の弊害、つまり価格による無制限の競争を避けるために、指名競争入札制度が派生し

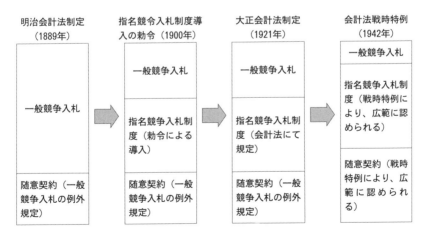

図2－1：明治会計法から会計法戦時特例までの入札方式
出典：森下（2012）を参考に筆者作成

たといえる。また、軍事上の機密を扱う契約や少額の契約などは、随意契約を活用し政府は公共調達を行なった。

（2）1947年から1978年までの入札制度の変遷と独占禁止法の制定

①入札制度の変遷について

1947年、昭和会計法と会計法の施行令としての性格をもつ予算決算および会計令（以下予決令）が制定された。昭和会計法においても、明治会計法および大正会計法から引き続き一般競争入札制度と指名競争入札制度および随意契約制度を規定した。

一般競争入札制度の例外規定である指名競争入札制度を再び規定した理由は、先にある会計法と同様に、価格による無限の競争が不利である場合において、例外的に認めるというものであった。昭和会計法は、明治会計法と大正会計法と同様に、価格による無限の競争を危惧する制度設計であった。

その後、1961年会計法が改正された。公共調達における大きな改正点は、「総合評価方式制度」と「最低落札価格制度」の導入であった。

「総合評価方式」は端的に述べると、価格以外の要素を評価し、価格と評価をもって落札者を決定する方式である。ここでいう「評価」とは、国にとってその時代において、都合のよい条件が提示され、その提示された条件を満たし、かつ価格面において「最低落札価格」を下回らないということであり、それに合致した業者が落札者となる。

もう一つの改正点である「最低落札価格」は、国が定めた予定価格以下の価格で入札が行なわれたとき、契約が履行されない恐れがある場合は、予定価格内の最低価格の者と契約することである。これは、「最低落札価格」の規定を定めていた、1920（大正9）年に制定の「道路工事執行令」が講和条約締結の年である1952（昭和27）年に失効したため、低価格入札の歯止めが効かなくなり、工事の品質確保の観点からあらためて導入されたものである。

また、「最低落札価格」が導入されたことに伴い、「低入価格調査制度」が導入された。予定価格を下回る入札が行なわれた場合、契約が履行されるか

第 2 章　公共事業の入札制度の変遷

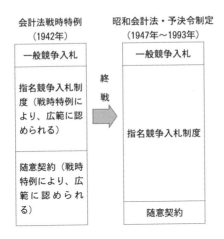

図 2 − 2：会計法戦時特例より1993年までの入札方式の変遷
出典：森下（2012）を参考に筆者作成

否かを調査するものである。

　これらの制度が導入されたなかで、「総合評価方式」は直ちに運用されたわけではない（森下，2012）。この規定に基づいて、「総合評価方式」を活用されたものは、1963年に立木売り払い伐採作業が最初の事例であった。その後、活用された事例として、1990年に政府によるスーパーコンピューターの調達まで待たなくてはならなかった。すなわち、公共工事への「総合評価方式」は2007年まで導入されなかった。

　1961年の会計法改正以降、会計法および予決令には大きな制度改正は行なわれていない。現在まで続く公共調達に関わる制度の基本的な運用は1961年の会計法改正から続いている。つまりは、現在運用されている「一般競争入札制度」や「総合評価方式」、「最低落札価格」制度導入に伴う「低入価格調査制度」などの制度は、この時期に原型がつくられた。

②独占禁止法の制定と建設業界の談合への認識
　入札談合を取り締まるための規制は、1880（明治13）年に刑法によって規制されていた。偽計や威力をもって入札を妨害した者を処罰する条項[3]がある。

現在のような、談合等により適正な市場競争を阻害することを防止することが目的の一つである独占禁止法による規制ではなく、入札そのものを妨害することを禁じる刑法上の一条文であった。

　現代の独占禁止法が制定されたのは、1947（昭和22）年である。戦前および戦時期においてわが国が経済統制を行ない、カルテルを組織し、結果、第二次世界大戦等で戦争に協力させた経緯から、戦後、GHQによってカルテルの解体と過度な経済力の集中を防ぐことを目的として制定された（来生, 1999）。つまりは、わが国では重要産業統制法を制定（1931＝昭和6年）し、トラストやカルテルをもって産業を育成してきたのに対し、独占禁止法では、この方針から転換し、競争的な市場を維持するために、巨大になりすぎた組織を排除する方向に転換したのである（武田, 1999）。しかし、わが国の建設業界の談合に対する風潮として、談合には、「悪い談合」と「良い談合」があるといわれている。

　1968年に大津地方裁における判決において裁判所の見解は、こう述べられている。「談合金の授受が伴わない談合について、建設業界内の通常の利益を確保し、工事の完全施工を期するとともに、業者間の仕事の分配を行っている。この談合は、公の入札制度に対処し、利益確保と業者の共存を図ると同時に完全な工事という入札の最終目的を満足させようとする経済人的合理主義の所産である」と判決では述べられた（諏佐, 2010：楠, 2012）。この大津裁判の結果によって、談合金が伴う談合は「悪い談合」であり、談合金が伴わない業者間の受注調整は「良い談合」であるという認識が広まった。この認識から、業者間の受注調整を行なうためのルール化が進んだ（木下, 2012）。

（3）「静岡事件」と入札契約制度改革

　1977年には独占禁止法が改正され、課徴金制度が導入された。

　第二次世界大戦後から1977年までの約30年間は、独占禁止法上の法的措置がとられた事件は1件もなかった。独占禁止法の運用が公共工事の入札談合に大きな影響を与えたことはなかった。刑法の談合罪についても、判例が必

ずしも一定しておらず、談合は公然と行なわれていた。前述したように建設業界では「良い談合」と「悪い談合」があり、談合金が伴わない談合、つまりは業者間による適切な受注調整は「良い談合」であり、法にふれないという認識が建設業界では蔓延していた。ギルド的な談合組織では、特定企業に利益を偏せず、各企業で相互に受注調整することが公正であるというイデオロギーに基づいて、業界全体の維持・発展を図ってきた。

　しかし、建設業界の認識を一変させる事件が起こった。1981年に独占禁止法によって摘発された「静岡事件」である。これは地元建設業界同士の受注調整を行なっていた静岡県建設業協会に対し、独占禁止法違反の疑いがあると公正取引委員会が立入調査に入り、課徴金命令を出したという事件であった。

　これまでは公正取引委員会の立入調査や摘発され、公正取引委員会による審判手続が開始されたが、審決まで至らず法的処置がとられていなかった。今回の談合事件はゼネコンが関わる談合事件として初の課徴金命令が出された。建設業界にとって1981年の「静岡事件」は、大きなインパクトであった（武田, 1999）。

　これまで、建設業界の談合に対して公正取引委員会による法的処置がとられなかった理由として、①公正取引委員会が法的な措置をとる前に談合を行なっていた事業者団体が解散した場合。②違反行為（談合）がすでに行なわれなくなってから１年を経過した場合。この２つのケースどちらかに当てはまる場合は、公正取引委員会は法的処置がとれなかった（鈴木, 2001）。

　1981年の「静岡事件」において法的処置が行なわれた理由として、1977年独占禁止法の改正が行なわれたことに起因する。これまで、入札談合が摘発されても審判手続中に談合を行なった団体が解散してしまえば、法的措置がとられることがなかった。しかし、改正独占禁止法は「課徴金制度」が導入され、上記①および②の場合においても、課徴金納付命令が出されるようになり摘発強化につながっていった。

　静岡事件を受けて、第一次入札契約制度改革が行なわれた。建設大臣から中央建設審議会（以下、中建審）に対し、入札制度の合理化対策等の審議依頼がなされ、第一次、第二次の建議を重ねた。その内容は、談合排除に対す

る透明性のある入札方式の検討および入札手続の検討が行なわれた。しかし、維持指名競争入札制度の枠組みのなかでの検討であり、一般競争入札制度は工事を確実に履行できない恐れがあることや、ダンピングを招く恐れがあることを理由として、指名競争入札制度を基本とし一般競争入札制度の導入は見送られることとなった。つまりは、手続の厳格化は行なわれたが入札制度そのものは現状維持となった。

（4）外圧による独占禁止法強化および入札契約制度改革
（1993年～2001年）

　1889年制定の明治会計法より続く入札制度は、米国による外圧、そして、1993年の中建審を経て1994年に改革された。改革の内容は、国直轄事業で大規模な工事は一般競争入札制度を導入するというものである。これまでの入札制度は、指名競争入札制度を主な入札制度として運用し、価格による無限の競争を避けてきた歴史に鑑みると大きな変換点の一つであるといえる。このような入札制度改革を行なわなければならなかった理由として、米国通商代表部（以下、USTR）による建設市場開放の外圧と談合事件の摘発が多発していたからである。

表 2 － 2 ：米国によるわが国への働きかけとわが国の制度変遷

年	建設市場開放への出来事	主　体
1986	USTRが関空プロジェクトの国際公開入札の申し入れ	米　国
	日米建設協議	日　米
1988	MPA導入（東京湾再開発、新広島空港、明石海峡大橋等）	日　本
1990	日米構造協議最終報告（公取委による刑事告発方針）	日　米
1991	独禁法改正および課徴金制度、法人刑事罰引き上げ	日　本
1992	中建審答申	日　本
1993	中建審建議	日　本
1994	一般競争入札制度導入	日　本

出典：森下（2012）より筆者作成

第2章　公共事業の入札制度の変遷

入札制度改革の遠因となる、米国による日本への働きかけは、表2－2の通りである。

貿易収支と財政収支の赤字に悩まされていた米国は、1985年の先進5カ国蔵相・中央銀行総裁会議（G5）によりプラザ合意がなされ、その合意を受けた結果、1986年に日本に対する市場国際化の要求の一環として、日米建設協議が始まった。

この日米建設協議のなかで、USTRによる関西国際空港の建設事業にアメリカ企業を参入させよとの要求があった。この要求をのむかたちで1988年、外国企業が日本市場の商習慣等を習熟するためにMPA[6]が導入された（建設業振興基金, 2013）。この構造協議により、日本の建設市場は、「国際化」の波に飲み込まれていくこととなる。

同協議における、USTRによる対日要求は、以下の4点であった。

①指名競争入札方式を一般競争入札方式に変更すること
②国が資金を投下する事業すべてを外国企業に開放すること
③独占禁止法の運用を強化すること（談合の防止をはかること）
④日本市場における米国企業のシェアの数値目標を設定すること

（森下, 2012）

①米国の外圧による入札制度の変化

1990年の日米構造協議最終報告を受けて1992年に、中建審が答申を行なった。その内容は、公共工事に関わる入札制度では、指名競争入札制度を基本とし、一般競争入札制度の導入は引き続き検討事項とした。また、指名競争入札制度の透明性確保と競争性および対等性の確保を課題とした。1992年の中建審の答申では、これまでの入札制度を確保しようと苦心していたのがみえる。

しかし、この米国の要請を背景に1993年には、再び中建審より建議がなされた。その建議の内容は、大規模工事については一般競争入札制度のみに限定するものであった。これは1900年に指名競争入札制度が導入されて以来の大改革となった。これまでの経緯として、一般競争入札制度のもとでは価格

61

だけの無限の競争が公共調達における弊害として、1900（明治33）年以来、指名競争入札制度が導入された経緯を考えると、一般競争入札制度の拡張による建設市場開放は大きな変化点といえる。

　1993年の中建審による建議のなかでは、一般競争入札制度と指名競争入札制度の併用に当たり、透明性の高い制度を基本とし、価格だけの競争に陥らないように、さまざまな提案がなされている。その提案は、①競争参加者の資格審査、②経営事項審査および技術力の資格審査の充実、③入札ボンドの導入検討の3点である。

　指名競争入札制度に関しても、制度改善が行なわれた。内容として、指名基準や制度運用の徹底や、工事完成の保証制度となる「工事完成保証人制度」[7]の廃止と代替となる「履行ボンド」の導入である。

　この1993年の中建審の建議を受けて、1994年に一般競争入札制度を中心とする、「公共事業の入札・契約手続の改善に関する行動計画」が策定された。これにより、国直轄事業を中心に一般競争入札制度が拡大することとなる。

　その行動計画の主な内容は、①透明・客観的かつ競争的な調達方式の採用、②外国企業の適正な評価、および③入札談合等不正行為に対する防止措置である。

　「透明・客観的かつ競争的な調達方式の採用」については、国や一定の公共機関における公共工事で、450万SDR[8]および1,500万SDR以上のものについては、一般競争入札方式を採用することであった（1994年当時のレートで450万SDRは7.3億円である）。

　「外国企業の適正な評価」については、先の日米構造協議等による建設産業の国際化の圧力から、外国企業の参入を意識したものである。内容は、外国企業の本国での工事実績や技術者数を評価の対象とすることとした。

　入札制度の変化を簡単に示すと、図2－3の通りとなる。

　これまでの、一般競争入札制度と指名競争入札制度等の入札制度から、大きく細分化されたことが、図2－3からみてとれる。基本的には、WTO（世界貿易機関）対象工事である、7.3億円（1994年当時レート）以下であれば指名競争入札制度である。短い期間での制度改革は制約が多く、従来使われて

第 2 章　公共事業の入札制度の変遷

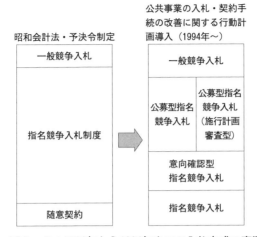

図 2 － 3 ：1993年から1994年までの入札方式の変遷
出典：森下（2012）を参考に筆者作成

きた指名競争入札制度を基本とした制度改革であったことがうかがえる。

②米国の外圧による独占禁止法の強化について

　わが国は先に述べたUSTRの要求を受け入れ、1990年の日米構造協議最終報告において、「排他的取引慣行」に対する独禁法の適用強化が盛り込まれた。適用強化を受けて公正取引委員会は、刑法に基づく告発を積極的に行なうことを「告発方針」として発表した。

　この告発方針以降、価格カルテルや入札談合に対する積極的な姿勢を示し、入札談合の摘発が続くこととなる。1991年に独禁法が改正され、課徴金の算定率を 4 倍に引き上げ、罰金の上限額を500万円から 1 億円と大幅に引き上げた。日米構造協議の結果から、競争政策が飛躍的に強化され、独禁法の規制力強化につながっていったのである。

　入札制度改革および独禁法強化などの一連の出来事を受けて、国土交通省は「入札談合等不正行為に対する防止措置」という公共入札ガイドラインを策定した。ガイドラインには建設業法および独占禁止法の厳格な適用などが盛り込まれ、入札談合や賄賂等不正行為に対する監督処分の強化および独占

禁止法違反行為等を行なった者に対する競争参加の制限等の具体的な措置が含まれていた。

　これらの一連の出来事は、建設市場の価格主義への大きな変換点であるといえる。つまりは、価格だけをシグナルとして適正であるか、そうでないかという判断を日米構造協議以降、日本の建設市場は求められたことになったのである。

3．1994年以降の一般競争入札の導入期

（1）1994年の一般競争入札制度の導入

　日米構造協議以降の公共事業の入札制度は、談合を排除し透明性のある公共調達方式のかたちをつくるために入札方式は細分化し変化していった。また、独占禁止法の制度変遷に目を向けると1990年の日米構造協議最終報告における米国からの要求のなかに、独占禁止法の適用強化を求めていることから時代が進むにつれて、その運用は次第に強化されていった。つまりは、明治以降の公共調達方式から、米国の外圧というターニングポイントによって現在まで入札制度の潮流をつくる大変換を迫られた時代であった。

　1989年からの日米構造会議は、1990年の最終報告書で独占禁止法をおよびその運用を強化することが明記され、わが国の競争政策は飛躍的に強化されることとなった。この報告書を受けて、公正取引委員会は独占禁止法違反事案の摘発に積極的に乗り出した。1992年には刑罰の大幅な強化を伴う独占禁止法改正が行なわれた。そのようななかで、1991年、大手ゼネコンを中心とする大規模な入札談合を行なったとして埼玉土曜会が摘発された。マスコミでも建設業界と政界の癒着に対する批判が高まった。

　1993年、公共工事をめぐる大型の贈収賄事件が摘発され、仙台市長、茨城県知事等の首長や大手ゼネコンの幹部が逮捕された。この「ゼネコン汚職事件」では、静岡事件以来、建設業界は「談合屋」を排除することにより、業

界の自主的な談合機能が弱体化してきたが、逆に政治家や自治体の首長の発言力が強まり、「天の声」が横行していたことが背景にある。この「ゼネコン汚職事件」の有力者の逮捕で、公共工事の談合を司る組織は解体された。また、同時期に山梨県建設業協会入札談合事件も起こり、山梨県の官製談合の色彩が強い入札談合を疑われた山梨県建設業協会が摘発された。

　公共事業は談合を通じて受注する建設業界に莫大な利益をもたらし、その利益の一部が政治家や自治体の首長に還流するという建設業界と政治家との癒着を生み、賄賂と汚職の温床になっていた。1993年までは、政官側から業者指名が受注調整に影響を与えてきたが、1993年のゼネコン汚職事件を機に、政界側からの落札会社を指名する「天の声」も出にくくなったと関係者は証言している（朝日新聞　2005年6月16日）。このようにアメリカからの圧力がかかるなか、談合に絡む汚職事件の摘発が相次いだこともあり、1993年から1994年にかけて、入札制度を改善するための各種提言がなされるようになる。

①外圧の影響による入札制度の変化について

　入札制度は、1994年に一般競争入札制度が本格的に導入された。その後、1996年1月よりWTOによる政府調達協定が発行し、国直轄事業は、7億5,000万円以上、都道府県等の工事は、25億円以上の工事については、一般競争入札制度が適用となり、一般競争入札制度の定着化が図られた。指名競争入札制度は、1994年の中建審の建議を踏まえ、建設業者の技術力や受注意欲を指名に反映するための入札方式を導入した。その方式は、公募型指名競争入札[9]や詳細条件審査型指名競争入札制度[10]と呼ばれるものである。前回の入札方式の改正から短い期間での制度変化となることから指名競争入札制度も透明性や公正性を求め、さまざまな方式を模索し変化していくこととなる。

　1994年の日米構造協議から1996年のWTOによる政府調達協定までの入札方式の変化を、図2-4に示す。

　1994年より、一般競争入札制度を施行されたことにより、これまで指名競争入札制度というある一定の信頼がある業者を指名することによって工事品質を確保していたが、一般競争入札制度という、信頼の有無に関わらない無

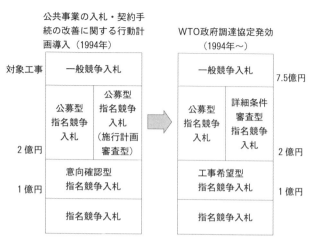

図2−4：1994年から1996年までの入札方式の変遷
出典：森下（2012）より筆者作成

制限の応札者に対して価格だけで落札者が決まる制度が適用されたことによって、どのように工事品質を確保するかが問題となった。また、時代背景的に財政改革による建設投資の縮減によるコスト削減を求められた。

このことから、「工事品質の確保」と「コスト縮減」を実現するための入札方式を再び模索することとなった。

これらに対応する入札方式を検討していた中建審による1998年の建議では、民間技術力を活用できる入札方式として「入札時VE[11]（技術提案型競争入札方式および技術提案総合評価方式）」、「契約後VE」、「設計[12]・施工一括発注方式[13]」が提案された。つまりは、建設市場内において、高い競争力と技術力をもつ企業が伸びる土壌を醸成する提案であったといえる。

国直轄事業では、1998年の建議を受け、本格的に制度導入が行なわれた。

建議による提案による入札制度の変化として、入札制度の透明性を高める方策がとられ、経営事項審査[14]の結果公表や工事予定価格の事後公表などが行なわれた。

第2章 公共事業の入札制度の変遷

4．2005年以降の一般競争入札制度拡大期

（1）官製談合の摘発と一般競争入札制度の拡大

　2002年に官製談合防止法が制定され、2002年以降、大規模官製談合事件に繋がる摘発が続き、官製談合に本格的にメスが入れられていった。

　2005年には独占禁止法改正により、罰則が強化されたことにより、官製談合がより厳しい取り締まりの対象となっていった。同法改正では、公正取引委員会に国税当局同様な強制調査権が新たに付与され、しかも従来東京高検のみが行なうことができた告発が全国各地の地検でもできるようになった。

　2005年の「橋梁談合事件」の摘発も地検との連携が強化されて談合の徹底捜査が行なわれた。入札談合が摘発される事件が起こるたびに、マスコミから激しく批判され、それに触発されて法改正が相次ぎ、同時に入札方法も一般競争入札の適用範囲が、2005年そして2007年とさらに拡大していった。

　官製談合が摘発された初の事件は、1994年の「下水道事業団事件」である（鈴木，2001）。その摘発された事件内容は、大手電機事業者同士の談合において、その談合の内容を日本下水道事業団が精査し、談合内容が工事受託をしている自治体の意向、つまりは自治体が受託させたい大手電機事業者かどうかの確認を行ない、「落札本命企業」を決め入札させていたという事件である。1981年の「静岡事件」における独占禁止法違反の摘発は、地元建設業協会が仕切り役として、地元建設業者同士の受注調整を行なっていたのに対し、日本下水道事業団における官製談合事件は、発注者である官＝下水道事業団事件が談合の仕切り役として入札談合に関わったとして、業者とともに発注者である行政機関担当者が刑事告発された、初の事件であった。

　また、地方自治体に目を向けると2000年に起きた北海道上川支庁発注工事において、大規模な官製談合事件が摘発された。

　この2つの摘発事件は、発注者が公共工事を受注させたい業者を入札予定者に示し談合を行なわせることによって本命企業に落札させていた。このこ

とから、官主導による談合に対する国民の批判が集中した。ただし、独占禁止法では、この事件において発注機関の担当者や談合を行なった建設業者は処罰できるが、発注機関そのものに対しては処罰することはできなかった。そのため、発注機関に対する行政上の指導の強化や再発防止を求めるために、2002年に「官製談合防止法」が制定されたのである。

このように官製談合に批判が高まり、官製談合防止法も制定された後の2005年、日本道路公団発注による橋梁上部工事における官製談合が摘発される事件が起きた。このいわゆる「橋梁談合事件」では、日本道路公団副総裁が独占禁止法違反で告発・起訴され、官製談合防止法に基づき、公正取引委員会は日本道路公団に対して改善措置要求を行なった。

この事件発覚と前後して、2005年には独占禁止法が改正され、罰則が強化された。強化された内容は、課徴金の引き上げ、犯則調査権限の導入等である。この改正で、後の談合事件摘発に大きな役割をもつこととなる課徴金減免制度（リーニエンシー）も導入された。

2005年の橋梁談合事件を契機として、国土交通省では、2005年に「入札談合再発防止対策検討委員会」を設置し、再発防止策を策定した。その内容は、一般競争入札対象工事の適用拡大や総合評価方式の拡大等である。この橋梁談合事件を発端とした入札制度の改定によって、WTO対象工事に限定されていた一般競争入札制度が、一般工事に対しても一般競争入札制度の枠が拡大されることとなった。2005年度では、3億円以上の公共工事を一般競争入札制度の適用とし、2007年度には、1億円以上の公共工事が一般競争入札制度の適用となり、段階的に一般競争入札の対象枠が小規模な工事にまで拡大していった（図2－5）。

2007年には、国土交通省発注の水門設備工事において、入札談合が行なわれたとして、公正取引委員会によって工事業者15社が独占禁止法違反で摘発された。発注者である国土交通省職員も談合に関与したとして、官製談合防止法に基づく告発と国土交通大臣に対し改善措置要求が行なわれた。国の省庁に対する官製談合防止法による改善措置要求は、本件が初めての事例であった。

第 2 章　公共事業の入札制度の変遷

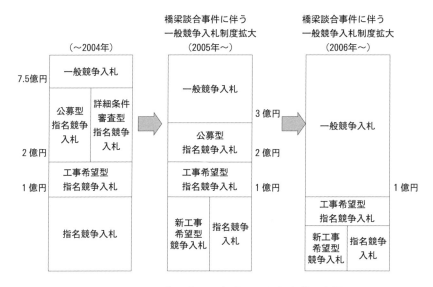

図 2 − 5：2004年から2006年までの入札方式の変遷
出典：森下（2012）、国土交通省（2004）を参考に筆者作成

　この2007年の水門設備工事の談合事件を受け、橋梁談合事件時には、一般競争入札制度の適用は2007年時1億円以上とされていたが、水門設備談合事件が起こったことにより、さらに一般競争入札制度の適用を拡大させた。

　国同様に、地方自治体においても1994年以降、官製談合の摘発が続いていた。先述したように1993年に茨城県官製談合事件や仙台市官製談合事件による相次ぐ首長の逮捕があった。2000年代にも2003年に起きた岩見沢市における談合事件や2004年に起きた新潟市の談合事件など、地方自治体でも多くの談合事件が起きた。

　2006年12月に全国知事会による公共調達に関する指針、「都道府県の公共調達改革に関する指針」を打ち出した。そのなかでは、「談合は事実上税金の詐取であり、言うまでもなく犯罪である」（全国知事会，2006）と強い言葉で官製談合を非難し、談合との決別を宣言している。入札制度の実務として、1,000万円以上の公共事業を一般競争入札制度とし、指名競争入札制度を原則撤廃し、総合評価方式の拡大を行なうとした。

69

（2）2005年以降の落札率の低下とその影響について

　以上のように、アメリカによる日本の競争的政策制度の改善要求に応じ、2005年の独占禁止法改正に至り、2006年1月の改正独占禁止法施行後には国土交通省8地方整備局の平均落札率は2000年の96％であったが、2000年代前半やや低下傾向がみられたが、特に2006年には88％に落ち込んだ。都道府県においても一般競争入札を導入した時期に落札価格が低下する傾向がみられた。長野県は受注希望型競争入札と呼ばれる一般競争入札をいち早く導入し、落札率が一時期20ポイント以上低下した。全国市民オンブズマン連合会議（2003）は、都道府県、政令市などの入札調書をもとに分析した結果、落札率が95％以上は「きわめて談合の疑いが強い」と結論を導いている。したがって2006年以降は、談合の疑いがかなり薄れてきている。

　都道府県においても落札率は2002年95％であったものが、2005年には91％に低下し、2006年には83％に急落し、2011年の東日本大震災復興事業需要が起きるまで、80％台で低迷し続けたが、2013年には89％に回復し、その後90％を超える率に上昇している（全国オンブズマン連絡会議, 2016）。

　2006年以降の一般競争入札の本格的導入で、建設業によっては生き残りをかけて安値応札するケースも多発した。一般競争入札の導入に伴うダンピングや品質低下の懸念から、2005年に「公共工事の品質確保の促進に関する法律」（略して「品確法」）を制定して対応したものの、完全ではなくダンピングや品質低下の問題も深刻になった。

　2005年頃までには建設業は不況に喘いでいた。建設業の売上高営業利益率も1997以来2％以下を低迷し、社員の年収も1994年には440万円だったものが、2004年には400万円に低下し、ほぼ1割減となった（岡部, 2005）。製造業と比較しても建設業は厳しい状況にあり、建設業はけっして利益を得ているわけではなく、社員の給料も高くないことがわかる。そのために生き残りをかけての低価格入札が増加した。

第2章　公共事業の入札制度の変遷

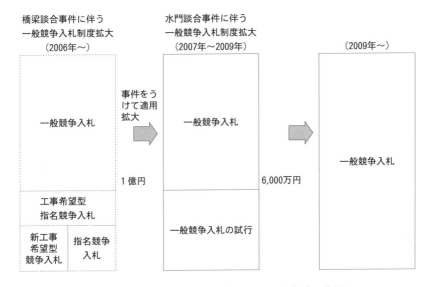

図2-6：2006年から2009年までの入札方式の変遷
出典：森下（2012）、国土交通省（2004）を参考に筆者作成

（3）一般競争入札制度の適用拡大に伴う工事品質確保について

　一般競争入札制度の拡大に伴って、問題となったのは工事品質の確保であった（木下, 2012）。これまでは、わが国では指名競争入札制度をもって、実績と信用がある業者を指名し、その品質を担保していた。明治期初期においても一般競争入札は工事の品質確保が難しく、1900（明治33）年に一般競争入札制度に変わり指名競争入札制度を導入した歴史が示している。それから100年を経た現代、再び一般競争入札制度が導入されることとなったが同様なジレンマが発生したのである。つまりは、価格というシグナルだけをもって入札を執行した場合、粗悪業者によって低価格入札が行なわれたりする恐れがある。また、建設業ブローカーのような建設業者によるダンピングの問題も発生した。そこで国土交通省では、2005年に品確法を定め、公共事業の落札者を建設企業の技術力や価格等で総合的に評価する方式（総合評価落札方式）へと変更した。

71

総合評価落札方式とは、価格と価格以外の技術的な提案要素で落札者を決定する方式である（国土交通省, 2004）。この総合評価落札方式で重要な点となるのは、「価格以外の技術的な提案」である。発注者が工事において重要だと思われる、技術的要素を入札条件に記載し、その要素に一番合致した提案をした建設業者が落札者となる方式である。

　1例をあげると、図2-7となる。

　通常の一般競争入札制度では、建設コストが最も安いB社が落札者となるが、総合評価方式によると、落札者はA社となる。これは、建設コストについてはB社が最も優れているが、技術的評価という点でA社がB社より優れていると評価されたことから、A社が落札した例である。

　総合評価方式の評価方法は、提案内容の数値化を行ない、それを価格で除することで、評価値とし、企業同士を比較する方式がとられている。この評価方式により、価格だけではなく建設企業の技術力を確認することによって、工事品質を確保しようとするものである。

　この総合評価方式では、価格だけではない要素を考慮するために、品質の確保に寄与する方式として、現在では最善だといえる。事実、国土交通省をはじめ、各地方自治体でも、総合評価方式を採用している自治体も多い。し

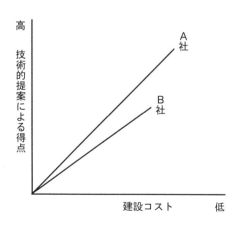

図2-7：総合評価落札評価方式による落札パターン
出典：国土交通省国土技術政策総合研究所（2004）より筆者作成

かし、技術的提案をできるだけの体力とコストを負担できる企業がどれほど
あるのであろうか。また、確実にとれる案件であるならば、建設企業もコス
トを負担すると考えられるが、とれる見込みのない案件では、負担できない
と考えられる。総合評価方式の活用、検討を行なっている「公共工事におけ
る総合評価方式活用検討委員会」のアンケート調査の結果においても、同様
の声があがっている。一般競争入札制度を維持しながらの品質確保や建設業
者の保護など、課題はまだ多いといえる。

5．小 括

　地元建設業者は、次章で後述する官公需確保法等でその産業活動が保護さ
れ、保護された産業活動が行き過ぎると公共事業の発注者である地元を管轄
とする地方自治体、請負者である地元建設業者が独禁法や官製談合防止法で
摘発される。つまりは、建設業界の市場開放と競争性の確保という国の考え
方と、地域振興の観点から地元産業保護を優先し事業発注を行なう、換言す
ると地元優先の閉鎖的市場を形成するという地方の考え方、この2つの考え
方の乖離のなかで非常にセンシティブな受発注活動が行なわれている。この
国と地方の考え方の間で建設産業は成り立っている。

　地元建設業者の役割は、本業の建設業だけではなく、降雪などの自然災害、
東日本大震災をはじめとした甚大な災害時における災害対応、インフラの整
備など多岐にわたる。はたして、このようなある意味、地域と共生している
ともいえる産業が通常の市場原理に委ねて競争を基本とした資源の分配シス
テムに乗ることが適切なのであろうか。地域のメンテナスを競争原理に任せ
価格競争の結果、価格的に有利な遠方の建設業者に任せるのが適切であるの
であろうか。

　価格競争の結果、地元建設業者が生き残れない時代になれば、緊急時にお
ける災害対応やインフラのメンテナンスや防災面からも地域住民にとって不
利になるであろう。行き過ぎた価格競争がもたらす弊害に配慮し、地域の現

状や現実を加味し適切な建設産業の育成を考慮しなければならないと筆者は
考えている。

【注】

1　一般競争入札制度とは、政府の調達要件に対して、価格だけで決まる制度
　　である。当時は、低額物件、軍事物資、その他勅令で定めるもの以外は一般
　　競争である。つまりは、軍事技術等のある一定の技術力を必要とするものは、
　　特命随意契約となっていた。

2　指名競争入札制度とは、5～10社程度の政府が指名した業者間での価格に
　　よる競争制度である。選定の基準はこれまでの実績等が加味され指名される。

3　旧刑法（明治13年）第二百六十八条　偽計又ハ威力ヲ以テ競売又ハ入札ヲ
　　妨害シタル者ハ十五日以上三月以下ノ重禁固ニ処シ二円以上二十円以下ノ罰
　　金ヲ附加ス（原文ママ）

4　仕事の受注に際し、金銭の授受が伴うことを指す。

5　「建設業法」および「公共工事の入札及び契約の適正化の促進に関する法律」
　　に基づき、公共事業の適正化について審議する機関である（国土交通省HP
　　2016-6-30閲覧）。

　　http://www.mlit.go.jp/policy/shingikai/s501_chuokensetsugyo01.html

6　Major Projects Arrangementsの略語であり、外国企業がわが国の大型公
　　共事業の参入機会に関する措置のことを指す。

7　工事完成保証人制度とは、事業受注企業が倒産等により、工事を完成させ
　　ることができなかった場合に備えて、発注者の負担がないように保証人を立
　　てる制度である。

　　工事完成保証人は、地元企業同士で保証することが多く、談合の温床とな
　　りやすいと批判を受けていた（大野, 2003）

8　Special Drawing Rights（特別引出権）の略で、IMF加盟国の準備資産を
　　補完する手段として、IMFが1969年に創設した国際準備資産のこと。

9　公募型指名競争入札とは、発注者が入札参加希望者の技術力等を判断する
　　ための資料等の提出を求め、提出された技術資料等をもとに審査し、その結
　　果選定された指名業者により入札を行なう方式。広島県Webページ、http://
　　chotatsu.pref.hiroshima.lg.jp/nyusatsu/system/manual/03nyusatsu/full_
　　n04-3.pdf（2016-07-15参照）

10　ある一定額以上の発注額で、かつ技術的難易度の高い工事を対象に、公募
　　型指名競争入札方式において適切な入札条件を付加するとともに、条件を満
　　足する技術資料を提出したものはすべてを指名することにより、競争性を高
　　める方式。港湾空港総合技術センターWebページ、https://www.scopenet.or.
　　jp/main/products/scopenet/vol25/ss/ss1.html（2016-07-15参照）

11　民間において施工方法等に関して固有の技術を有する工事等で、コスト縮
　　減が可能となる技術提案が期待できるものを対象として、工事の入札段階で、
　　設計図書による施工方法等の限定を少なくし、限定していない部分の施工方
　　法等について技術提案を受け付け審査したうえで、競争参加者を決定し、各
　　競争参加者が提案に基づいて入札し、価格競争により落札者を決定する方式。
　　国土交通省Webページ、http://www.mlit.go.jp/tec/nyuusatu/keiyaku/ve/
　　newnyukei.htm（2016-7-16閲覧）

12　主として施工段階における現場に即したコスト縮減が可能となる技術提案
　　が期待できる工事を対象として、契約後、受注者が施工方法等について技術
　　提案を行ない、採用された場合、当該提案に従って設計図書を変更するとと
　　もに、提案のインセンティブを与えるため、契約額の縮減額の一部に相当す
　　る金額を受注者に支払うことを前提として、契約額の減額変更を行なう方式。
　　国土交通省Webページ、http://www.mlit.go.jp/tec/nyuusatu/keiyaku/ve/
　　newnyukei.htm（2016-7-16閲覧）

13　設計技術が施工技術と一体で開発されることなどにより、個々の業者等が
　　有する特別な設計・施工技術を一括して活用することが適当な工事を対象と
　　して、設計・施工分離の原則の例外として、概略の仕様等に基づき設計案を
　　受け付け、価格のみの競争または総合評価により決定された落札者に、設計・
　　施工を一括して発注する方式。国土交通省Webページ、http://www.mlit.go.
　　jp/tec/nyuusatu/keiyaku/ve/newnyukei.htm（2016-7-16閲覧）

14　経営事項審査とは、国、地方自治体が発注する公共工事を直接請け負おう
　　とする建設業者が必ず受けなければならない審査制度である。欠格要件に該
　　当しないかを審査してうえで、主観的事項の審査（工事成績、指名除外等）
　　と客観的事項の審査（経営事項審査）を行ない、審査結果の数値化を行ない、
　　審査を受けた建設会社のランキングを行なう。広島県Webページ、https://
　　www.pref.hiroshima.lg.jp/soshiki/93/1298253822767.html

第3章 公共事業の入札制度による中小建設産業保護政策

　本章では、自治体において地元産業である地元建設業者を入札制度において保護を行なっているメカニズムを解明し、地元建設業者は地方自治体との相互依存関係をもちつつ地域貢献を果たしてきた背景を考察する。

1. 地方自治体における入札制度と中小企業保護

　地方自治体における公共事業の入札制度は、これまで地元建設業者を保護するための制度が導入されており、地元建設業者が指名競争入札制度や一般競争入札制度において受注機会が増大する環境がつくられている。本節では、地方自治体の保護政策はどのようなシステムにおいて成立しているのかを考察する。

　地方自治体における主な保護制度は次の5つである。①地域要件、②経営審査事項によるランク制度、③条件付き一般競争入札制度および指名競争入札制度、④分離・分割発注方式制度、⑤経常JV制度等がある。地方自治体はこれらを組み合わせて用い、地元建設業者に有利な公共事業の発注を行なうことができる。

　これらの保護制度の法律的根拠を述べると、①地域要件の法律的根拠は、地方自治法施行令167条の5の2[1]に基づいている。これにより地方自治体は入札要件に地域要件を設定できる（福島県, 2006）。②経営審査事項によるランク制度については、建設業法に根拠が定められている。③条件付き一般競争入札制度および指名競争入札制度、④分離・分割発注方式制度、⑤経常JV制度等の制度については、1966年制定の「官公需についての中小企業者の

受注の確保に関する法律（以下、官公需確保法）」に定められている。

　地方自治体は、官公需確保法を活用し、また地域要件と経営審査事項によるランク制度の双方も利用して、自地域に属する中小企業の地元建設業者を保護することができる。結果として他の地方自治体に属する地元建設業者を締め出す排他的受注圏が形成される素地を提供することにもなっている。

　これは地元産業保護制度であり、公共事業や建設会社に求められている公平性や技術力重視という理念と矛盾するものであった。価格競争と品質確保をめざしてきた制度と相反するといえ、価格面や技術面で優れている大手建設会社等から地元密着型の地元建設業を保護し、建設コストや質より地元建設業を地域に残すことを優先させた施策であった。

　以下、地域要件、ランク制、官公需確保法による地元中小企業保護制度をそれぞれ説明する。

（1）地域要件

　地域要件とは、地方自治体の工事発注の入札条件として、発注を行なった地元を管轄とする地方自治体管内に本社や営業所をおいている条件を課すことができる（大野, 2003）。この地域要件を設定することによって、他地区の建設業者や全国規模の大手建設業者に対しては、参入障壁となり、自地域の地元建設業者を保護することができる。地域要件設定の背景として、地域振興・中小企業の受注機会拡大の政策的要請を背景としている（公正取引委員会, 2003）。

　官公需確保法の「地域の中小企業者等の積極活用」によっても、その存在は正当化されている（斉藤・光多, 2012）。

　一般競争入札制度において地域要件が付される場合は、条件付き一般競争入札と呼ばれ、後述するランク制度に基づく入札参加資格要件とともに入札条件として運用されている。

　運用例として、工事発注金額が高ければ地域要件は設定されず、全国規模の大手建設会社でも入札に参加できるが、工事発注金額が低ければ地域要件

に必要な地域の枠が狭まり、自地域の地元建設業者だけに入札参加資格が与えられる。

地域要件を絡めた入札業務の運用は各自治体での独自の設定があるが、多くの自治体では、分離・分割発注方式制度やランク制度とともに運用し、自地域の地元建設業者の受注機会が増大するような運用を行なっている。

（2）経営審査事項によるランク制度

経営事項審査によるランク制度とは、建設業法に基づき、建設業者の工事完成高、技術者数、経営状況、社会性について、客観的な同一の基準において数値化し、これらの総合評定値（Ｐ点）の数値を経営事項審査で算出するものである。そして、このＰ点の数値によって、発注者である自治体は、各建設業者のランク付けを行なう。また、発注する工事にもランク付けを行ない、建設業者と発注工事のランクによるマッチングを行ない、建設業者が請け負える公共事業について制限を設けている。

このランク付け制度が地元建設業保護に資する役割として、上位ランクの工事に下位ランクの工事業者に対して参入制限を設けているだけではなく、下位ランク工事に上位ランクの建設業者の参入を制限し、ランクの低い地元業者を保護しランクの高い規模の大きい建設業者を排除することができる制度である。

この制度のもとでは、日本の建設業界は階層化していることが前提となっている。大規模な建設会社はランクの低い工事を受注することができず、吸収合併して規模拡大することに制限が付されており、小規模な工事をも含めて受注する大規模な建設会社が欧米のように成立していない。常に中小零細企業が保護されているが、経営的に不安定な業態で地域にとどまり続けることとなる。経営が脆弱な中小企業に勤務する建設労働者にとってそれがよいことなのであろうか。大企業の従業員として保護されたほうがよいのではないかという疑問が残る制度である。

発注者の管轄地域内に主たる営業所をおく業者を保護するために、地元建

設業者の地域貢献などの点数を加算することによって、地元建設業者の総合点数が上昇する制度となっている。たとえば、Bランクの業者がAランク工事の入札を行なえる場合が発生する。

入札制度の運用は発注者によって変わることがある。以下の表3－1は、A県における工事費による入札参加区分である。

表3－1：入札参加資格要件表

工事費区分	入札方式	JV等	組合せ	総合点数（注1）	対象工事に対する施工実績	地域要件	配置技術者の施工実績
24億7,000万円以上	WTO一般競争	3者または4者JVが原則	A	1000点以上（客観点数）	5割程度以上（工事費）	なし	3割程度以上の元請従事経験
			A′	1000点以上（客観点数）	5割程度以上（工事費）		担当として経験
			A″	930点以上（〃）	なし		規定なし
			A″	930点以上（〃）	なし		規定なし
24億7,000万円未満10億円以上	条件付き一般競争	2者または3者JVが原則	A	1000点以上	5割程度以上（工事費）	すべて県内に本店を有すること	3割程度以上の元請従事経験
			A′	930点以上	なし		規定なし
			A″	930点以上	なし		規定なし
10億円未満3億円以上		2者Vまたは単体	A	930点以上	なし	すべて県内に本店を有すること	3割程度以上の元請従事経験
			A′	930点以上	なし		規定なし
3億円未満1億円以上		2者Vまたは単体	A	930点以上	5割程度以上（工事費）	すべて圏域内に本店を有すること	3割程度以上の元請従事経験
			A′	930点以上	なし		規定なし
1億円未満8,000万円以上		単体	A	930点以上	5割程度以上（工事費）	圏域内に本店を有すること	3割程度以上の元請従事経験
8,000万円未満4,000万円以上			A[A＋B]	930点以上[750点以上]	5割程度以上（工事費）	圏域内に本店を有すること	3割程度以上の元請従事経験
4,000万円未満1,500万円以上			A[A＋B]	750点以上929点以下[750点以上]	5割程度以上（工事費）	管内に本店を有すること	3割程度以上の元請従事経験
1,500万円未満1,000万円以上			A[A＋B]	749点以下[929点以下]	5割程度以上（工事費）	管内に本店を有すること	3割程度以上の元請従事経験
1,000万円未満	通常指名競争						

出典：A県Webページより筆者作成

第3章　公共事業の入札制度による中小建設産業保護政策

　発注予定価格が24億7,000万円を超えると、世界貿易機関（以下WTO）との協定の一部である政府調達に関する協定による基準額を超えるため、完全な一般競争入札を協定により義務づけられている。このことから、A県では24億7,000万円以上の発注予定価格では一般競争入札制度が採用されている。

　それ以下の発注予定価格ではすべてA県に本店を有しなければ、入札に参加することができない。つまりは、地域要件がすべての工事に付されている。これは、自地域の地元建設業者を保護するための施策であるといえる。また、発注予定価格が大きくなるほど、JV（joint venture、共同企業体）を構成することを入札要件として求めており、発注金額を各地元建設業者への分配を行なっていると考えることができる。

　発注金額が小さくなると地域要件枠は狭まる。狭まることによって競合相手は減少し、工事受注のための競争は緩くなる。

　表3-2および表3-3は、発注に関わる地域要件の枠である、圏域と土木事務所の一覧である。地元建設業者1者単独受注で4,000万円以上の工事であるならば、圏域内の地元建設業者との入札となることが、表3-1より読み取れる。また、発注金額が4,000万円未満であるならば、各土木事務所の管内業者同士の入札となることから、競合業者数は減少する。

表3-2：A県における圏域一覧

地域名	A圏域	B圏域	C圏域	D圏域	E圏域
市郡名	a1市 a2市 a3市 a4市 a5市 a6市 a7郡 a8郡	b1市 b2市 b3郡 b4郡 b5郡 b6郡	c1市 c2市 c3市 c4市 c5市 c6郡 c7郡	d1市 d2市 d3市 d4市 d5市	el市 e2市 e3市 e4郡

出典：A県Webページより筆者作成

表3－3：A県における土木事務所所管一覧

地域名	F	G	H	I	J	K	L	M	N	O	P
市郡名	a1市 a2市 a3市 a4市 a5市 a6市 a7郡 a8郡	b1市 b2市 b3郡 b4郡 b5郡	b6郡	c1市 c2市	c5市	c3市 c4市 c6郡 c7郡	d1市 d2市 d3市	d4市 d5市	e3市	e1市（K 町，J町 及びo地 域の区域 を除く。）	e1市のう ちK町， J町及び o地域の 区域e2市

出典：A県Webページより筆者作成

　つまりは、公共事業における工事発注関係として、一般競争入札制度では発注金額が低くなれば、本店所在の場所が指定される地域の範囲が狭くなり、競争相手が減少する。このことから競合相手が減少し受注競争が緩くなる。つまりは、ランク制度と相まって、ランクの低い地元建設業者ほど受注競争が緩くなることが入札制度からわかる。

　A県では、経営審査による評価点であるP点に地元建設業者の条件に当てはまる県独自の基準による加点を行ない、総合得点としている。その総合得点によって、各建設会社の格付けが決まり、表3－4の基準により入札の参加を行なっている。この格付けは一般競争入札制度、指名競争入札制度両方に適用されるが、A県の現状の指名競争入札制度適用工事は、1,000万円未満工事となることから、実際はC級に適用される。

　A県では、指名競争入札制度において発注金額による業者指名者数が定められている。その内容を表3－5に示す。

表3－4：A県における建設会社格付基準

等級格付	予定価格	総合点数
A級	4,000万円以上	930点以上
B級	1,500万円以上〜4,000万円未満	750点以上〜929点以下
C級	1,500万円未満	749点以下

出典：A県Webページより筆者作成

第3章　公共事業の入札制度による中小建設産業保護政策

表3－5：A県における入札基準

	A等級工事	B等級工事	C等級工事	
				予定価格250万円未満
土木一式工事	15名以上	11名以上	9名以上	5名以上

出典：A県Webページより筆者作成

　一般競争入札制度による入札企業の地域的な絞り込みと同様に、指名競争入札制度では発注金額による指名業者の絞り込みがある。指名競争入札制度では、発注金額による指名業者数の増減がある。発注金額が低くなると、指名業者数が減少する。つまりは、予定価格4,000万円以上のA級工事であるならば15社との受注競争となるが、1,500万円未満のC級工事であれば、9社との受注競争となる。

　一般競争入札制度における予定価格と連動した地域要件による業者の絞り込みや指名競争入札制度による指名業者数の絞り込み等の過当な競争性を排除する発注システムでは、発注者による中小企業保護制度の一端がうかがえる。

（3）条件付き一般競争入札制度および指名競争入札制度

　条件付一般競争入札とは、通常の一般競争入札を行なわず、主たる営業所を発注者の管轄内にあることを条件とする地域要件を入札申し込み条件とする一般競争入札のことである。

　「都道府県の公共調達改革に関する指針[3]」によって、原則1,000万円以上の工事は、一般競争入札制度に付されるが、1,000万円未満であれば、指名競争入札制度の運用が認められている。つまり、1,000万円未満であれば後述する分離・分割発注制度と併用することによって、発注者の恣意的な入札制度の運用が可能となる。この条件付き一般競争入札制度および、1,000万円に満たない工事を発注し、適用することによって、自地域外の建設業者に対しては参入障壁となり、自地域内の建設業者が守られる制度である。

83

（4）分離・分割発注方式制度

　分離・分割発注方式制度とは、本来なら高いランクをもつ大規模工事業者が競争入札の対象となる工事を工区ごとに分離・分割を行ない、ランクの低い建設業者が入札対象となる金額まで分割して発注することである。この分離・分割発注を行なうことによって、発注規模が小型化し低ランクの地元建設業者の受注機会が拡大する。また、1,000万円未満の工事規模まで分割すれば、自地域の建設業者を指名する指名競争入札制度に付することができる。地元建設業者を保護しようとする市町村では、分離・分割発注制度を採用する事例が多い。ただし分離・分割発注制度による工事経費の点をみると、工事に関わるスケールメリットが生かせないため、建設コストが増大することとなる。

（5）経常JV制度

　「経常JV」とは、小規模な土木業者同士がJV（joint venture、共同企業体）を組み、人員や得意分野の技術などを持ち寄ることによって、本来なら大規模建設業者しかとれないような大型の案件にも入札できるようになることである。また、発注者が地元建設業者をJV構成員にすることを入札の条件に掲げ受注機会の拡大を図っている。

　以上4つの制度を組み合わせた発注制度を使い、地域の発注者（地方自治体）は地元建設業者を保護している。その理由として、公共投資の波及効果を域内にとどめるという理由だけでなく、これらの制度を駆使し、より地元建設業者との関係を日常より密接にすることにより災害時の緊急対応の協力を求めやすくなるという利点もあるからである（清水・藤本, 2009）。また、日常的に域内の工事を施工していることから、その土地のことを他地域の土木業者より知悉しているので、発注者として使いやすいという事情もある。つまりは、大規模建設会社による、一時的なコスト安を享受することよりも、

工事当たり 1 件のコストは上がるが、後のことを考え、地元建設業者保護を念頭においた入札制度運用を行なっているのである。

2．官公需確保法

　これら、市町村単位における自地域の土木業者を保護する入札方式、発注方式の運用を示す指針となったものが、1966年制定の「官公需についての中小企業者の受注の確保に関する法律（官公需確保法）」である。

　この法律は、中小企業を対象として需要を確保し中小企業の発展に資することを目的としている。地域の土木業に関わりの深い部分を抜き出すと、国は毎年この法律に基づいて中小企業に対する受注機会増大のための方針を作成し、会計年度の終了後、中小企業との間で契約した実績を経済産業大臣に通知するものと定めている。また、地方自治体に対しても国の施策に準じて必要な施策を講じることとしている。

　次に、国等の契約の方針における中小企業との契約に対する目標値と実績の推移と地方自治体の契約実績の推移をみる（図 3 − 1）。

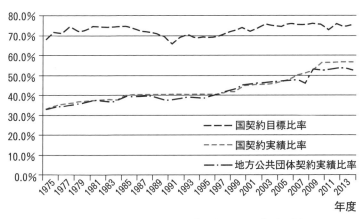

図 3 − 1：官公需における契約目標とその実績の推移
出典：中小企業庁「官公需契約の手引き」より筆者作成

官公需による中小企業との契約において、目標比率と実績比率はほぼ一致する形で契約されている。2000年になると目標比率の上昇がみられる。1999年の目標比率は、41.6％に対して実績比率が42.5％であったが、2001年になると目標比率44.1％に対して実績比率44.5％と３％程度比率の上昇がみられるようになった。その後目標値は上昇し、2012年度の目標値は56.3％まで引き上げられたが、実績ベースでみると、53.5％になり、若干の乖離がみられ始める。地方自治体についても努力目標というかたちで国に準用した運用が求められている。地方自治体の実績比率は、67〜76％の間で推移しており、国と比較するとはるかに高い数値で移行している。

　国は全国を統括し広域で基幹的な事業を担うが、地方自治体は自地域だけにとどまり、国の管轄する事業と比較して小規模な事業が中心となる。その結果、官公需における中小企業との契約実績率も高い（梶田, 2008）。地方の建設業者は、地域の基幹産業と認識され、これらの発注者の保護政策によって地域に根づいている。

３．地元建設業者保護政策の源泉としての指名競争入札制度

　前節まで述べた地元建設業者保護政策は、指名競争入札制度にその源泉がある。発注者側の目線であれば、自地域を維持し地元産業を保護したい発注者である地方自治体が地域に最も有利な業者、つまりは地元建設業者を指名し、他地域業者の参入を排除できる。また、自地域の業者に対しても、不都合な地元建設業者に対して指名権を行使することによって、排除することが可能である。一方、受注者である地元建設業者は、指名された数社での談合を行なうことによって自社の公共事業の受注を確保できる。

　指名入札制度の概要を示したものを、表３－６に示す。

　表３－６にあるように、制度概要として「信頼性の高い地元建設業者」を選定し、入札をもって業者を選定するとある。しかし、「信頼性が高い」とは何をもって信頼性というのか、また実績という点においても、地元建設産

第3章　公共事業の入札制度による中小建設産業保護政策

表3－6：指名競争入札制度の概要

制度名	制度概要	メリット	デメリット
指名競争入札制度	優れた実績を有する信頼性の高い企業のなかから入札に参加する者を選定。	・良質な業者を選定することにより、質の高い工事を確保し得る。 ・次回の指名を目標に、よりよい品質確保へのインセンティブを業者に与える。 ・入札審査等の業務が低減できる。	・業者を指名する課程で恣意的な運用をする恐れがある。 ・指名により入札参加者が限定されると談合を誘発しやすい。 ・優良だが当該発注者に対する実績がない業者が参加機会を得にくくなる。

出典：「国土交通省直轄事業の建設生産システムにおける発注者責任に関する懇談会中間とりまとめ」を筆者編集抜粋

業保護政策が実施されている地域において、他地区の業者が「優れた実績」を積むのは不可能に近い。この発注から入札までのプロセスの不透明性こそが、公共工事に対する国民の不信感につながっていったのである。

　この不信感に対して入札制度の透明性を高めるために、一般競争入札制度の適用範囲の拡大を行なった。しかし、一般競争入札制度の適用拡大は価格だけでの競争となり、建設業者の技術力に対する評価は重要視されなかった。そこで、技術力不足による品質低下の懸念を払拭するために、建設業者の技術力と価格という2つのシグナルから評価する総合評価方式が導入された。

　つまりは、指名競争入札制度の不透明な部分の透明化と、競争性を高めるための施策を講じたのである。表3－7および表3－8に一般競争入札制度の概要と総合評価入札制度の概要を示す。

表3－7：一般競争入札制度の概要

制度名	制度概要	メリット	デメリット
一般競争入札制度	公告によって不特定多数の者を誘引して、入札により申込をさせる方法により競争を行わせ、その申込のうち、地方公共団体にとって最も有利な条件をもって申込をした者を選定して、その者と契約を締結する方法	・広範な参加により、競争性が高まり、経済的な価格で発注できる。 ・発注者の恣意性を排除しやすい。 ・入札談合を行ないにくくできる。	・施行能力の劣る業者や不誠実な業者を排除することが困難。 ・入札審査等の事務量が増大する。

出典：「国土交通省直轄事業の建設生産システムにおける発注者責任に関する懇談会中間とりまとめ」を筆者編集抜粋

表 3 − 8 ：総合評価方式入札制度

制度名	制度概要	メリット	デメリット
総合評価方式入札制度	発注者が競争参加者の技術的能力の審査を適切に行なうとともに、品質の向上に係る技術提案を求めるよう努める。落札者の決定においては、価格に加えて技術提案の優劣を総合的に評価することにより、最も評価の高い者を落札者とすることが原則となる方法。	・価格競争から技術競争へ（技術力の向上）。 ・品質確保と総合的なコスト縮減。 ・不良不適格業者の排除。	・受発注者双方の負担増（手続き、技術提案の作成等）※小規模な工事には適さない。 ・発注方式多様化への阻害要因（総合評価方式＝万能薬と思われている）。

出典：「国土交通省公共工事における総合評価方式活用ガイドライン」および「国土交通省総合評価落札方式の効果の検証と更なる展開（背景）」を筆者編集抜粋

　一般競争入札制度および総合評価方式入札制度が導入されたが、これらが適用となる工事の受注を望むと、一般競争入札制度では価格での競争となり企業体力が高いほうが有利となる。また、総合評価方式入札制度では技術提案等の作成やヒアリング、入札参加のための手続きが煩雑であり、受注のための人員が必要となる。確実に受注できる工事であるならば、手続費用は受注工事で負担ができるが、受注できるかどうかわからない工事のために余計なコストをかける体力は小規模な地元建設業者にはないといえる。

　これらの入札制度を導入される地域の小規模地元建設業者にとっては、工事に対する最低落札価格に近い金額での見積もりを提出できる能力が必須となることから、自社に積算技術者の配置が必須となる。しかし、企業体力が低い地元建設業者では積算技術者を配置する余裕はないと考えられる。

　入札行為の透明性を求めるために、指名競争入札制度の制度適用枠が縮小し、一般競争入札制度等の適用が拡大したことにより、その対応は地元建設業者への負担は大きいうえに排他的受注圏の源泉である、指名競争入札制度の適用が減少したために、工事が受注できないことが考察される。

4．小　括

　地元建設業者に対する地方自治体の工事発注に関する行動様式を検討した結果、地方自治体は、地元建設業者を保護するために入札参加資格要件を根拠に指名競争入札制度を利用できる工事発注金額での分離・分割発注方式での工事設計を行ない、地元建設業者を指名し工事発注を行なっている。一般競争入札制度においても、入札参加資格要件を根拠に発注金額を低く設定すれば、入札に参加できる地元建設業者の企業規模が小さくなる。また、地域要件の地域設定の枠が縮小し、入札可能な建設業者数が減少する。つまりは、過当な競争性が排除され自地域の地元建設業者の受注機会が増大する。

　中小零細企業群からなる地元建設業者を他地域の建設業者や大手建設業者の参入から保護し、地元建設業者の受注機会を増大する必要があることから、発注者である地方自治体による発注時点での調整が必要なのである。

　その一方で、地元建設業者は、業者間同士の受注調整によって縄張りともいえる自地域の仕事を確保している。そこには、自地域の緊急補修、災害対応などのために自地域の事情を知悉している地元建設業者を保護したいという行政の考えと、自社周辺を受注圏として継続的な受注を望む土木業者によって排他的受注圏が形成されている。

　この排他的受注圏は、自地域内での継続的な受注を確保するためには有効な手段であるが、他箇所でも同様な排他的受注圏が確立されているため、2001年以降、公共投資額が減少している状況のなかでは、地域の中小土木業者は自地域の排他的受注圏のなかで少なくなる工事を分けあいながら生き延びていくほかない。梶田（1998）は、かつては排他的受注圏のなかで地元建設業者の成長が促されたと論じたが、筆者は第3章および第4章で、2000年代以降、市町村合併と入札制度改革により、この排他的受注圏が崩れつつあることを実証的に考察することにする。

【注】

1　普通地方公共団体の長は、一般競争入札により契約を締結しようとする場合において、契約の性質又は目的により、当該入札を適正かつ合理的に行うため特に必要があると認めるときは、前条第一項の資格を有する者につき、更に、当該入札に参加する者の事業所の所在地又はその者の当該契約に係る工事等についての経験若しくは技術的適性の有無等に関する必要な資格を定め、当該資格を有する者により当該入札を行わせることができる。（原文ママ）

2　第4章の匿名とする取材先であるB市C地区を管轄する県であるため、出典Webページは匿名とした。

3　市町村単位による指名競争入札制度適用工事金額は、市町村単位の運用に任されている。

第4章　縁辺地域における土木業の役割について
—— A県B市C地区を事例として

　過疎地域では、地元建設業者を保護するための自治体による公共事業の発注の指名業者を地元業者に限定する保守的な慣行が、1990年代まで行なわれてきた。過疎地域における公共事業の配分において、その地元建設業者に対する保護的な自治体の政策の空間的帰結として、公共事業の排他的受注圏が成立していることが報告されている（梶田, 1997）。

　しかし1997年に公共事業が削減され、2000年代にも公共投資が削減され、同時期に「平成の大合併」や入札制度の変革などの時代的な変化を受けて過疎地域の建設業も変質を迫られてきた。保守的な地方において、特に過疎地地域指定を受け、過疎債をはじめとして起債しやすい自治体では、1990年代前半までは公共事業が増大し建設業が盛んであったが、1990年代後半から公共事業の大幅な削減で建設業の経営が苦境に入った。

　そこで、本章は、このような時代的な変化に伴って、過疎地の地元建設業者がどのような経営的な影響を受けているのか、そして伝統的な排他的受注圏の空間パターンが維持・存続されているのかを、A県B市C地区[1]において検証し、災害支援等も含め地域維持のために重要な役割を果たす地元建設業者の経営存続を支援するための制度的な課題を考察することを目的とする。

　本研究の対象地域は、A県B市C地区とした。B市中心地域であるa町とは距離が離れたB市の縁辺地域である。

　B市は、2004年に当時のC村を含む7町村でもって市町村合併を行なっている。筆者は2012年5月に現地調査を行ない、時代的な変化を比較し、当該地区の雇用や人口の減少のなかで、公共事業の減少による地元建設業者の営業利益低下傾向と、合併後においても旧町村単位での排他的受注圏の存続を確認した。その後のC地区の変化を明らかにするために、2016年10月に追加

調査を重ね、最近の縁辺地域における公共事業の地域的配分と地元建設業の状況を明らかにしたものが本章である。

　本章の構成は、以下の通りである。第1節では県全体の公共事業の変動を概観し、最近の公共投資の内容的な変化や年間の実施時期などの変化を論じた。次に第2節では、町村合併に伴うB市の市域拡大と公共事業の変化を論じ、第3節で合併後のC地区において投下された公共投資の変化と、地元建設業者の受注状況と経営について調査し、排他的受注圏が存続しているかを検証するとともに、現状の地元建設業者保護政策では、町村合併によって過疎地域は拡大市域のなかで政治力も弱体化された結果、受注できる公共事業が減少を免れ得ず、存続が危ぶまれる危機的な状態に陥っている問題を考察する。

1．A県内の公共投資の動向と入札方式

（1）最近のA県の公共投資の動向

　いわゆるバブル経済崩壊以降の1990年代後半から、わが国の公共投資は大幅に落ち込み、A県でも同様に落ち込みが激しくなった。図4－1は、A県における政府、地方自治体、公社による土木投資の推移である。2000年代において、A県における公共土木部門投資のピークは、2002年度の約7,000億円であったが、それ以降、下降傾向が著しい。2010年度のA県の公共土木部門投資は約2,300億円に低下し、2002年度投資額の33%程度まで減少した。2013年度に入り約3,950億円とやや増加し、2010年度と比較して1,650億円増額となった。

　2010年をボトムとして、最近の公共投資がボトム・アウトし、やや増額されてきた理由として、国の2012年度補正予算および2013年度予算案において、公共事業予算が増額されたことを受け、県単位の公共事業予算も増額された要因が大きい。これは、2013年度中に施行される「強くしなやかな国民生活

第4章 縁辺地域における土木業の役割について

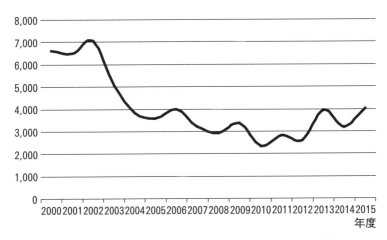

図4-1：A県内における公共投資土木部門の投資額推移（単位：億円）
出典：国土交通省「建設総合統計」各年報より筆者作成

の実現を図るための防災・減災等に資する国土強靱化基本法（2013年12月施行）」（以下、国土強靱化法）の考え方を意識した国の予算編成（中里，2013）の影響を受けての増額である。

　2013年以降の公共投資増額の影響が多少認められるものの、2002年のピーク時の約7,000億円に比べると、その約56％までしか戻しておらず、地元建設業者に対する公共事業の発注局面からみると依然として苦しい状況であると想像できる。

（2）公共投資の内容の変化

　1990年代後半から、公共投資金額が減少しているだけではなく、公共投資の内容も変化がみられる。これまで全国に道路・トンネル・港湾等のインフラ整備のための公共事業の色合いが濃かったが、経年とともに、それら大量のインフラが老朽化し始め、その維持・管理のための投資も必要になってきている。

　こうした公共事業の重点が新設、改良といった建設事業から現在のインフ

ラを維持するための事業に移行している傾向は、国による予算編成の要点を
まとめた「平成28年度予算のポイント[2]」においても、「事前防災・減災対策
の充実や老朽化対策など国土強靭化を推進」に重点をおくことが述べられて
いることからも理解できる。

　自治体の発注する土木工事には、大きく分けて新設、改築、維持の3つの
事業種別があり、以下のような分類[3]となっている。

　①新設：存在していなかった場所に新しい構造物をつくる事業
　②改築：現在存在している構造物に手を加えることによってその構造物の
　　　　　性能を向上させる事業
　③維持：構造物のもつ機能を新設当時の機能に回復させる事業

　予算区分としては、①新設、②改築が、建設費となり、③維持が、維持費
と区別されている。

　地域調査を実施したB市C地区は、A県B土木事務所の管轄地域となって
いる。

　図4－2は、A県B土木事務所の事業費別推移をグラフ化したものである。
B事業所の事業総額は当然、上部団体であるA県の土木部門の公共投資額と
同様に、大幅に減少してきた。同時にその内容も変化しており、2001年まで
は、新設、改良といった道路建設費が道路維持費を上回っていたが、2002年
度を境に道路維持費が道路建設費を上回るようになった。

　これまで建設された道路インフラが老朽化し、しかも地方圏では人口減少
が進んでいるために、新設、改良というような新たなインフラを整備する事
業から、既存の施設を維持していく事業へと公共投資の重点が移行している
ことを示している。

第4章　縁辺地域における土木業の役割について

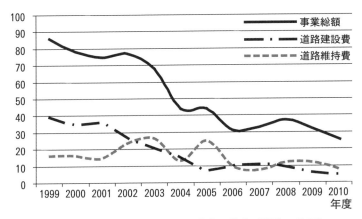

図4－2：A県B土木事務所事業費別推移（単位：億円）
出典：A県B土木事務所提供資料から筆者抜粋

（3）公共事業の閑散期と繁忙期

　もう一つの最近の公共事業の変化として、年間の発注時期の平準化の試みが始まっていることがあげられる。

　地方では、発注者である行政側の工事計画の都合上、工事の発注が9月以降に集中する傾向にある。行政の発注と合わせて土木業者は、4月～9月が閑散期となり、9月～3月が繁忙期となる。発注者は地元産業の育成、保護という観点から、土木業者の閑散期にあたる4月～9月に受注機会を得られるように、年度をまたいだ事業を発注する。その事業の受注により、土木業者は閑散期の経営を成り立たせ9月～3月の繁忙期に備える。これはかつての過疎地域において、農業の農繁期と農閑期に、建設業の閑散期と繁忙期を組み合わせ、農業と建設業との兼業を可能とした合理性をもったシステムでもあった。

　ところが、最近では過疎地においても兼業農家は減少し、農家でない建設従事者も多くなり、むしろ年間を通じて安定的に仕事を受注できる制度を求める要望が高まってきている。

　そのような状況の変化に対応するため、2014年には「公共工事の品質確保の促進に関する法律」が改正された（以下「品確法」と称する。改正前の「品確法」

95

は2005年施行)。改正された内容の主なものは、4月〜9月までの閑散期と9月〜3月の繁忙期の工事発注量の差をなくし、建設産業の保護から人員体制と建設機械などを効率よく運用することを目的としたものである(大村, 1997)。

それでは、現実に品確法の効果が出ているか、2010年度と2015年度のA県の月別発注状況をみて確かめてみることにする。図4－3と図4－4が、2010年度および2015年度における、A県の月別発注状況である。

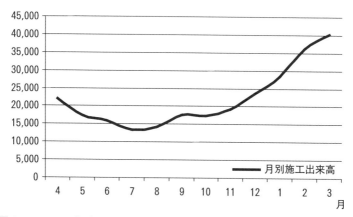

図4－3：2010年度A県における月別工事出来高の推移（単位：百万円）
出典：国土交通省「建設総合統計」

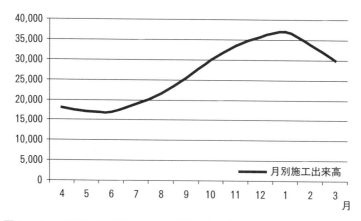

図4－4：2015年度A県における月別工事出来高の推移（単位：百万円）
出典：国土交通省「建設総合統計」

2010年度と2015年度を比較すると、2010年度のほうが閑散期である４月〜９月までの発注量の落ち込みが大きく、発注量のピークである３月に向かって上昇する傾向があった。2015年度になると発注量の差は縮小し、年間の発注量の変動はやや改善された。しかし、閑散期である2015年５月の発注量と2015年１月の発注量の差は、２倍程度ある。

人員と建設機械は、建設工事には欠かせないリソースであることから、地元建設業者はピーク時に合わせて人員と建設機械を揃える必要がある。発注量が少ない閑散期を考慮すると、地元建設業者にとっていまだ経営が不安定となる要素が大きい。品確法の政策的効果は、少なくとも現在の時点では限定的で、年間の発注量の偏りが解消されるには至っていないことがわかる。

以上のように、Ａ県においては、最近は公共投資がやや持ち直しているものの、新設・改良よりも既存のストックの維持費に、より配分されるようになっており、年間の公共事業の発注の平準化の方向性が模索され始めているなど、これまでの「伝統的」な公共事業とは異なった様相がみられるようになっている。

次に、Ｂ市Ｃ地区の地元建設業の事例を詳細に論ずる前に、Ｂ市の周辺町村を合併して市域が拡大したことによって、1990年代まで公共事業に依存してきた過疎村が町村合併によって公共事業の域内配分がどのように変化したかを考察する。

２．Ｂ市における町村合併に伴う財政と公共事業の地域的配分の変化

（１）Ｂ市における町村合併に伴う財政と公共投資の変化

Ｂ市は2004年３月に、ａ町、ｂ町、ｃ町、ｄ村、ｅ村、ｆ村、Ｃ村の７つの町村が合併し編成された。合併を行なった７つの町村の2003年度の面積、人口、各財政規模等を表４−１（次頁）に示す。

表4－1：合併旧町村財政規模一覧（2003年度）

項　目	単　位	C　村	a　町	b　町	c　町	d　村	e　村	f　村
面　積	km²	100.19	242.31	152.48	197.43	103.71	79.81	154.86
人　口	人	2,266	16,541	7,004	12,724	3,484	5,244	2,114
人口密度	人	23	68	46	64	34	66	14
財政力指数		0.16	0.35	0.23	0.30	0.34	0.34	0.18
経常収支比率	％	96.7	93.3	79.1	74.9	85	84.6	91.1
地方債現在高	万円	256,966	1,104,591	737,254	963,723	650,392	459,130	326,013
標準財政規模	万円	127,427	440,100	440,100	406,533	223,974	192,319	127,816

出典：総務省決算カードより筆者作成

　合併前の7つの町村の人口規模をみると、人口規模で最大であったのは、地理的にもB市の中心的位置を占めているのはa町であり、a町の人口は1万6,000人余りであった。2位のc町でも1万3,000人ほどであり、他の町村の人口も2,000人から7,000人程度であった。

　合併して新市は人口5万人弱の自治体となったが、新市は山間部も多く面積的にも広域に広がっているために、a町の中心都市としての人口吸引力も弱く、人口も空間的に分散傾向が顕著である。財政規模の面からみると、各自治体とも財政力指数が0.16から0.35と軒並み低位であった。

　財政の硬直化を示す指数である経常収支比率は、b町の79.1％が最も低く、C村の96.7％が最も高い。人口と財政の両面から比較しても、各自治体ともに一長一短の部分があり、合併後のB市のなかの地理的中心に位置している中心都市でも発展を積極的に牽引できるような経済的中核都市とはなっていない。

　合併後のB市の人口や財政状況をみてみよう（表4－2）。合併後のB市の財政力指数は0.32となり、経常収支比率は96.5％となった。この指標は合併前のC村の指標より改善されてはいるが、他の合併市町村の指標と比較すると悪化し、地方債残高は527億円に達した。

第4章　縁辺地域における土木業の役割について

表4-2：B市村財政規模（2004年度）

項　　目	単　　位	B　　市
面　　積	㎢	1030.79
人　　口	人	49,377
人口密度	人	48
財政力指数		0.32
経常収支比率	％	96.5
地方債現在高	万円	5,276,824
標準財政規模	万円	1,716,662

出典：総務省決算カードより筆者作成

（2）公共投資の域内配分額の推移

　B市は、合併した2004年度から2013年度までの10カ年の第一次新市建設計画を策定し、続いて2014年度から2028年度までの15カ年の第二次新市建設計画を策定した。

　第一次事業計画および第二次事業計画の事業箇所は、合併前の旧地区のなかで不利な地区が出ないように各地区の要望を吸い上げ、予算配分と事業箇所を選定している。

　ヒアリング[5]によると、公共事業発注に関して現在では新設工事はほとんどなく、改良、維持工事が発注のメインとなっている。

　事業予算に関しては、建設や改良といった事業は国や県からの補助金が入るが、維持に関わる事業に関しては市単独事業となる。

　B市の市債残高と市歳入の変動を、合併前は合併した自治体の合算として、図4-5（次頁）に示した。

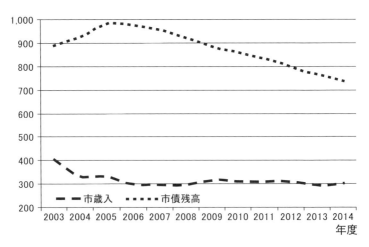

図4－5：市歳入と市債残高の推移（単位：億円）
出典：総務省決算カードより筆者作成

　B市の歳入は、2003年度の405億円から、2010年度決算では310億円程度まで下降し、その後は横ばいに推移している。B市の市債残高のピークは2005年度末の984億円であったが、2014年度末は739億円まで減少している。B市の実質公債費比率は2002年度から2013年度の間18％を超えていたことから、一般の地方債を起債する際には許可が必要な起債許可団体であった。
　B市は起債許可団体に作成が義務づけられている「公債費負担適正化計画」に基づき、緊縮財政と地方債の繰上償還を継続することによって、2015年度には実質公債費比率は15％程度まで改善した。約300億円から増額しない市の歳入のなかから約245億円以上の市債を返済する緊縮財政を続けており、公共事業等の事業は縮小している。
　筆者が2012年に現地調査したときには、B市は起債許可団体であるうえに税収が減少していた状況のなかで、公共事業の継続を合併特例債、過疎債、辺地債によって公共事業を継続していた。2008年度から2011年度までの、辺地債および過疎債、合併特例債の推移をみると、辺地債および過疎債の推移は、概ね横ばいで推移していたのにもかかわらず、合併特例債の発行は2011年度に急激に上昇していた。この背景としては、合併特例債の起債年限が合

第4章　縁辺地域における土木業の役割について

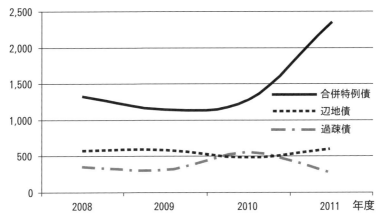

図4－6：B市における辺地債、過疎債、合併特例債の推移（単位：百万円）
出典：B市「公債費負担適正化計画」

併後10年とされていたことから、2012年度が発行期限となっていたことがあげられる。合併特例債の駆け込み起債が急増して、合併特例債の起債が増大した（図4－6）。

（3）域内発注者の考える地元建設業者について

　発注者であるB市は地元建設業者について、地域の災害、除雪の対応あるいは既存施設の維持、環境整備、ライフラインを守るという観点から確保をしたいと考えている[7]。

　先述のように発注者である行政側の工事計画の都合上、工事の発注が9月以降に集中する傾向にある。発注者は地元産業の育成、保護という観点から、土木業者の閑散期にあたる4月～9月に受注機会を得られるように、年度をまたいだ事業を発注する。

　B市内の土木業者に対しても、発注者は上記のような地域の土木業者の事情を勘案し、前項で取り上げた指名競争入札や地域要件付き一般競争入札により地元建設業者に対して優先的に受注機会を与え、他地域からの参入を阻害している。これにより土木業者は決まった地域での受注を確保し、行政の

求めに応じ日常的に災害対応、除雪作業を行なっている状況であった。

3．Ｂ市Ｃ地区における地元建設業者の存立と公共事業の受注慣行

（1）Ｂ市Ｃ地区の地域概要

　Ａ県Ｂ市は、2004年3月にa町、b町、c町、d村、e村、f村、Ｃ村の7町村が合併しＢ市となった。市域約1,000㎢であり、人口は約5万人である。

　調査を行なった旧Ｃ村は、Ａ県のほぼ中央に位置し、Ｘ川とＹ川に囲まれた山村である。標高は中央部平地で海抜375ｍに位置する山岳地帯で、村域の95％が山地で、残りのわずか5％が平地にすぎず、過疎地域指定を受けてきた地域である。旧村域は100.19㎢で、合併前に人口は1,944人であったが、合併後、旧村域はＢ市全域の10％を占め、人口はＢ市の約4％となっている。

　旧Ｃ村地区は少子高齢化が進んだ地域であり、休耕田も増加しつつある。合併前のＣ村時代には伝統的に福利厚生に厚く、地域のお年寄りなどの介護、予防医療などに力を入れていた地域であった。村の中心には、国道が基幹道路として機能しており、この国道を使うことにより市中心部であるa町、隣接する他市まで行き来することができる。国道を東に向かえば、隣接する市にある工場に通勤可能であるが、国道の西に向かうと同市内中心部であるa町との間にあるＺ峠は、悪天候による道路通行止めがあるために、このＺ峠がネックとなり分断されてしまうこともある山村である。

（2）旧Ｃ村における人口推移と産業構造

　旧Ｃ村の人口は、1980年には2,714人であったが、1990年には2,537人とやや減少し、合併後の2010年には1,944人と減少し続け、1980年からの30年間における人口減少率は28％である。人口減少に伴い、高齢化率も上昇し続け、1980年18％、1990年25％、2010年38％となった。高齢化率は上昇し続けてい

第4章　縁辺地域における土木業の役割について

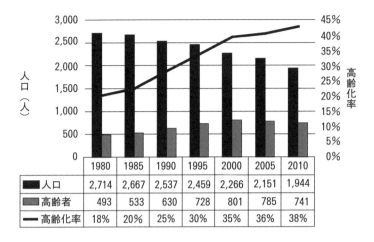

図4－7：旧C村人口と65歳以上人口推移と高齢化率
出典：国勢調査より筆者作成

るが、2005年から高齢者人口の実数もやや低下に転じている。人口減少も依然として続いており、このままの人口推移が続けば、旧C村全体として、高齢化率が50％を超える限界集落と呼ばれる地域となることは想像に難くない。

次に旧C村の産業構造を把握するために産業別就業者数を示したものが、図4－8である。旧C村は、平地が村全体の5％程度しかなく農業の規模も零細で林業も人工林化が遅れているため、第一次産業の比率は小さい。村では、村立病院を経営していたことからサービス業の比重は大きい。

旧C村の主な産業としては、製造業、卸売・小売業、サービス業があげられる。居住者のなかで製造業従事者が多い。理由として、旧村内に自動車部品製造工場が所在することで、村内の就労人口の主な就業先となっている。

町村合併した2004年の前後で雇用がどう変化したかをみるために、2005年と2010年の産業構成を比較すると、過疎地における主な産業である建設業、農業、公務の就業者が激減したことがわかる。公務に従事する就業者が約40％減少、農業は約36％の減少、建設業は約30％減少した。特に町村合併の影響は公務に従事している従業者の大幅な減少をもたらした。

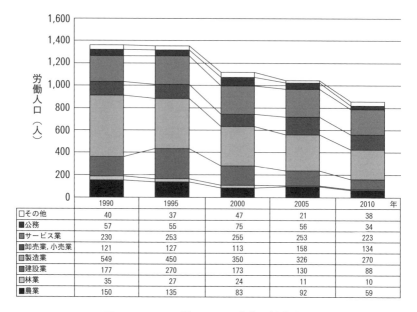

図 4 − 8 ：旧 C 村における産業別就業者数
出典：国勢調査より筆者作成

（3） B 市 C 地区の建設業者と受注慣行

　本項では、前述した B 市における地元建設業者の行動様式を検討する。落札工事と落札地を分析することにより、地元建設業者による受注行動の空間パターンを示し、そこから公共事業の受注圏の実態を明らかにする。2010年度における C 地区地元建設業者の受注圏の空間パターンを示し、後に2015年度の受注圏の空間パターンを示す。

　経年の受注圏を検討するとともに、市町村合併等の政策変化や公共事業予算減少の影響を分析する。

　表 4 − 3 にあるように、2015年における C 地区の地元建設業者は 3 社である。

第4章 縁辺地域における土木業の役割について

表4-3：C地区内土木業者一覧（単位：万円）

業者名	資本金	平均完工高	職員数	県ランク	営業年数	所在地
A　社	3,000	13,358	7	A	53年	W町H
B　社	3,000	25,721	6	A	62年	W町S
C　社	1,000	7,401	5	B	57年	W町HS

出典：経営審査（2015年）より筆者作成

　C地区の建設業者の特徴として、3年間の平均完成工事高（以下、完工高）は、B社が2億5,000万円で、C地域内で最も高く、C社が7,400万円程度で最も低い。しかし、企業規模として観察すると職員数や営業年数もほぼ変わらない企業規模である。いわゆる、小規模企業群で成り立っている。筆者の聞き取り調査からも、この3社の経営者同士も同じ学校の卒業生や地域的な地縁があるために企業間同士友好的であることがわかった。この3社でC地区の地域メンテナンスを行なっている。

（4）2010年度の排他的受注圏

　表4-4（次頁）は、B市C地区に所在する地元建設業者による2010年度における市発注工事の受注一覧である。
　表4-4をもととして、地元建設業者による受注に関する空間パターンを図4-9（次頁）に示す。

表4－4：2010年度B市発注C地区土木業者受注一覧

▲A社	
工事件名	施工場所
①A1工事	M地内
②A2工事	M地内
③A3工事	H地内
④A4工事	M地内
⑤A5工事	H地内

■B社	
工事件名	施工場所
①B1工事	S地内
②B2工事	H地内
③B3工事	D地内
④B4工事	H地内

◆C社	
工事件名	施工場所
①C1工事	H地内
②C2工事	M地内
③C3工事	H地内
④C4工事	H地内
⑤C5工事	D地内

出典：B市Webページより筆者作成

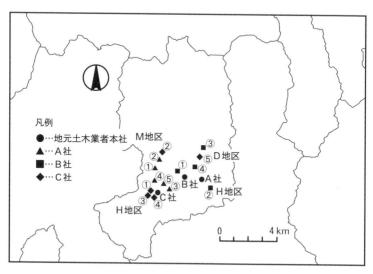

図4－9：C地区内土木業者落札箇所一覧（2010年）
出典：B市Webページより筆者作成

地元建設業者による受注に関する空間パターンは、自社に近接する箇所を中心に受注を行なっている。C地区の地元建設業者による受注箇所として、A社は、M地区を中心に工事を受注している。またB社はD地区を中心に工事を受注しており、C社は自社に近いH地区を中心に工事を請け負っている。

受注に関する空間パターンをみると、自社に近い箇所を中心に自社のテリトリーともいえる、受注圏を確立していることがわかる。

完全に競争原理に基づいた入札制度のもとでは、このように常に自社に近い箇所を受注することは不可能である。工事を発注者である地方自治体の協力と同地域内にある地元建設業者同士の融通がなければ、このような空間パターンにならないと推察される。

地元建設業者に対する発注者がどのような発注様式をもって、地元建設業者に協力をなしているかを、B市C地区の2つの工事における入札内容を表4-5および表4-6で示した（次頁）。この入札における入札業者の本社所在地を記しているが、入札に当たっては市内業者が選定され、落札業者はC地区内の業者であることがわかる。

C地区は旧村時代から過疎地指定された地区である。B市の公共事業入札の特徴は、旧自治体ごとに公共事業の落札業者を配分するよう談合が行なわれていると推察される。

B市の発注様式として、5,000万円以下の工事であれば、指名競争入札に付されることとなる。つまり、5,000万円以下の工事であれば、指名される建設業者は発注者の恣意的な指名が可能である。市内のさまざまな業者が指名されるなかで、C地域の土木業者は必ず指名され、そのなかから落札者が出ていることがわかる。工事発注の都合による地域内の同業者同士で融通し、工事受注面のプロセスからも業者間調整を通して共存共栄が図られていると推察される。

表4－5：C－1工事入札結果（単位：円）

工事件名	C－1工事	
落札者	C　社	
入札業者	入札金額	本社所在地
M建設	辞退	B市e
T　組	11,431,000	B市a
O土木	11,613,000	B市e
H建設	11,497,000	B市a
O建設協同組合	11,542,000	B市f
C　社	11,331,000	B市C
K工業	辞退	B市a
B　社	11,372,000	B市C
A　社	11,356,000	B市C
O建設	11,779,000	B市e
R建設	辞退	B市a
D土木	11,483,000	B市a
O設備工業	11,630,000	B市a
M産業	11,391,000	B市C
M	辞退	B市f

出典：B市Webページ（網掛けはC地区内地元土木業者）

表4－6：C－2工事入札結果（単位：円）

工事件名	C－2工事	
落札者	A　社	
入札業者	入札金額	本社所在地
H土木	5,127,000	B市e
M建設	5,160,000	B市f
K　組	5,055,000	B市a
M建設	5,049,000	B市a
T　組	5,053,000	B市a
N建設	5,120,000	B市e
N　組	5,120,000	B市a
O土木	5,120,000	B市e
A　社	4,980,000	B市C
H建設	5,126,000	B市a
A技研	5,160,000	B市a
C　社	5,060,000	B市C
B　社	5,060,000	B市C

出典：B市Webページ（網掛けはC地区内業者）

第4章　縁辺地域における土木業の役割について

（5）2015年度の排他的受注圏

　2010年度における、排他的受注圏の空間パターンは、前項の通り自社近接箇所を中心にしたテリトリーともいえる商圏を中心として展開していった。B市においては、債務返済のための緊縮財政が続き、地元建設業者への影響が考察された。また、B市における第二次新市建設計画が策定されていることと、「品確法」によって公共事業の発注時期が以前より平準化されている等、公共事業の発注に関し変化がみられた。これらの影響があるのかを観察するために2015年度における受注圏の空間的パターンを本項では示す。

　表4－7は、2015年度におけるC地区における市発注工事の受注一覧である。表4－7をもととして、地元建設業者による受注に関する空間パターンを図4－10（次頁）に示す。

表4－7：2015年度B市発注C地区土木業者受注一覧

▲A社	
工事件名	施工場所
①A1工事	S地区
②A2工事	M地区
③A3工事	M地区
④A4工事	M地区
■B社	
工事件名	施工場所
①B1工事	S地区
②B2工事	SD地区
③B3工事	Y地区
④B4工事	N地区
◆C社	
工事件名	施工場所
①C1工事	N地区
②C2工事	S地区
③C3工事	MT地区
④C4工事	MT地区

出典：B市Webページより筆者作成

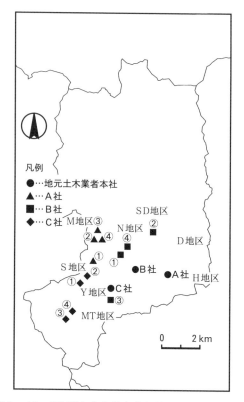

図4−10：C地区内土木業者落札箇所一覧（2015年）
出典：B市Webページより筆者作成

　図4−10は、2015年度における、地元建設業者による受注の空間パターンである。

　A社は、2010年度における空間パターンでは、M地区を重点的に受注し、C社もH地区に近いMT地区を主に受注し、B社も2010年度とほぼ同様の受注パターンとなっている。

　この受注パターンのもととなる、地元建設業者による公共事業の入札結果について2015年度の状況を観察する。表4−8と表4−9に入札内容と結果を示す。

第4章　縁辺地域における土木業の役割について

表4−8：C−3工事入札結果（単位：円）

工事件名	C−3工事	
落札者	B　社	
A　社	2,650,000	B市C
B　社	2,640,000	B市C
C　社	2,600,000	B市C

出典：B市Webページ

表4−9：C−4工事入札結果（単位：円）

工事件名	C−4工事	
落札者	A　社	
入札業者	入札金額	本社所在地
A技研	辞退	B市a
K工業	5,120,000	B市a
K　組	4,998,000	B市a
N　組	5,044,000	B市a
H建設	5,014,000	B市a
M　組	5,000,000	B市a
MS建設	5,000,000	B市a
MK建設	5,063,000	B市f
K	5,070,000	B市f
O建設	5,035,000	B市e
O	5,035,000	B市e
N建設	5,058,000	B市e
H土木	5,020,000	B市e
T　組	辞退	B市a
A　社	4,800,000	B市C
B　社	4,993,000	B市C
C　社	4,982,000	B市C
MK建設	5,100,000	B市e
BC	辞退	B市f

出典：B市Webページ（網掛けはC地区内業者）

　2015年度においても、C地区内の地元建設業者が指名され落札されている。また、発注金額が少額であるならば、C地区業者のみが指名されていることが、入札結果からわかる。このように施工場所近隣の地元建設業者が指名され落札する傾向がみられた。これらの結果から、市町村合併からある程度時

表 4 − 10：Ｃ地区地元建設業者の市発注工事に対する受注金額の変化（単位：円）

業者名	2010年度	2015年度	差	減少率
Ａ　社	116,946,900	21,762,000	95,184,900	81.4%
Ｂ　社	98,910,000	21,448,800	77,461,200	78.3%
Ｃ　社	152,143,950	44,087,760	108,056,190	71.0%

出典：Ｂ市Webページから筆者作成

　間がたったとしても、合併前の旧村単位での排他的受注圏は維持されるという傾向が観察された。しかし、公共事業の削減や市財政の緊縮化の影響は免れない。表 4 − 10に、2010年度におけるＣ地区地元建設業者の市発注工事の受注金額と2015年度の市発注工事の受注額を示す。

　Ｃ地区地元建設業者の市発注工事の変化をみると、各社とも受注金額の低下が著しい。減少率が一番大きい、Ａ社は81.4%の減少となり、Ｃ社に至っては 1 億円以上の減額に至っている。自社の存続権ともいえる、旧村単位での排他的受注圏が維持されているにもかかわらず、受注圏内の発注額の低下は、自社の存続に関わる問題である。 3 社を合わせた2015年度の受注金額は、2010年度のＢ社の売上げと近い。つまりは、Ｃ地区には建設業社 1 社が存立し得る発注額しか公共投資がなされていないにもかかわらず、採算を割ったレベルで 3 社が存立し続けている状況である。しかし、中心地とは離れた縁辺地域であるＣ地区の維持や災害対応等を考慮すると、 1 社で広大な範囲を受け持つことは不可能に近いと考えられる。

　発注者であるＢ市は、地元建設業者について、地域の災害、除雪の対応あるいは既存施設の維持、環境整備、ライフラインを守るという観点から確保をしていきたいと考えている[9]。

　Ｂ市内の土木業者に対しても、発注者は上記のような地域の土木業者の事情を勘案し、前項で取り上げた指名競争入札や地域要件付き一般競争入札により地元建設業者に対して優先的に受注機会を与え、他地域からの参入を阻害している。これにより土木業者は決まった地域での受注を確保し、行政の求めに応じ災害対応、除雪作業を行なっている状況であった。

（6） B市における排他的受注圏

　B市はほぼ同規模の町村が合併を行なった市である。このことから、旧町村内の地元建設業者も同様規模の小規模企業群で成り立っている。経済規模が同様の市であれば、そこに仲裁する建設業組合と発注者の発注方式によって、地元建設業者に対する仕事量が確保しやすいと推察される。しかし、公共事業の受注額は排他的に旧村内部で確保され配分されているが、年々受注額が下がり地元建設業者の経営存立の維持が難しい状況になっている。

　C地区にある土木業者3社とも、市発注工事においてはC地区内の工事しか受注していない。また、同地区の受注箇所として自社の近隣を中心として受注している。C地区の土木業者の受注状況をみても、C地区から他地域に出て受注活動は行なわれていない。B市では、B市建設業協会による調整も入るため、受注調整が他市町村より強固なものに思われる。B市建設業協会の調整内容として、地元建設業者が合併前の地域を出て他の旧町村の仕事を受注しないように調整をしている。これは、地元建設業者に旧町村内での受注を確保するとともに除雪、災害対応などの対応をさせるためである。

　市町村合併以前では、C村には排他的受注圏が形成されていて、地域内において地元建設業者の縄張りともいえる地域設定が存在した。つまりは図4－11のような概念図となる。

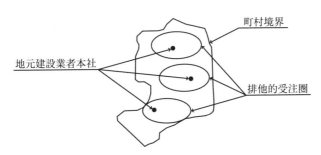

図4－11：C村であった頃の排他的受注圏の概念図
（筆者作成）

113

図4−12：市町村合併後のB市における排他的受注圏の概念図
（筆者作成）

　市町村合併後も、B市建設業協会による調整や地元建設業者同士による調整等により排他的受注圏は維持された。つまりは、図4−12の概念図となる。
　B市建設業協会はB市市発注工事を傘下土木業者ですべて請け負えるようにするために、経営審査事項の評価を上げる活動を行なっている。その一環として、加点対象となるマネジメントシステムであるISO9001、ISO14000を協会が中心となって取得に対して指導を行なっている。また、B市建設業協会傘下の旧町村の土木業者は地域ボランティア活動等も行なっている。傘下の各業者とも、大手・中堅の建設業者と比較して技術評価点、経営項目の評価は低いが、それらの活動によりその他の審査項目（社会性）に点数が加点され、結果としてB市の大半の土木業者は県、市のAクラスの格付けがされている。これに地域要件付き一般競争入札や指名競争入札等の入札条件が加わることにより他地域からの土木業者の参入が防がれている。

4．小　括

　地元建設業者を保護、維持するために、指名競争入札や地域要件付き一般
競争入札等に代表される保護制度を維持している。その一方で、地元建設業
者は保護制度のもと、自地域の排他的受注圏を越えて公共事業を受注するこ
とはきわめて少ない。縁辺地域では民間による投資がきわめて少なく、地元
建設業者は必然的に公共投資への依存度がきわめて高い。調査地域のような
過疎地域では、地元建設業者全体の年間受注金額が、自地域を管轄する発注
者による公共事業の年間発注金額にほぼ一致すると推察される。

　最近のＣ地区の公共事業の受注金額は、地域内に地元建設業者を１社しか
維持できないレベルまで低下している。現在３社が存立し続けているが、採
算を割って存立し続けているにすぎない。もし１社のみしか存立しえなくな
った場合、災害対応をするにしては広大な地域を管理しなくてはならず、緊
急な災害に対応する人員や重機の減少から、災害時において初動態勢に遅れ
が出ることも十分予想される。

【注】
1　本章における取材内容はセンシティブな内容が含まれていることから、取
　材地域および関係者等を匿名とした。
2　財務省Webページ、https://www.mof.go.jp/budget/budger_workflow/
　budget/fy2016/seifuan28/01.pdf
3　建設工事受注動態統計調査の定義を使用した。
4　筆者取材時（2012年5月）に資料提供を受けたものである。その後の傾向
　については、当該土木事務所より未回答である。
5　筆者によるＢ市担当者へのヒアリングによる。
6　旧町村がＢ市に合併を行なったのが2003年だったことから、旧町村の合算
　をＢ市の2003年度決算とした（Ｂ市担当者からのヒアリングによる）。
7　Ｂ市建設部担当者からのヒアリングによる。

8 業種分類が製造業その他に分類されている業種で従業員20人以下の事業所は、中小企業基本法において、小規模企業と定義づけされている。

9 B市建設部担当者からのヒアリングによる。

第5章　埼玉県における過疎指定地域について

——町村合併の影響と排他的受注圏の変遷を中心として

　本章では、埼玉県における過疎指定地域における地元建設業の実態調査をした結果を中心に、町村合併の影響と排他的受注圏が持続しているかについて検証を行なう。過疎地域ほど建設業の依存度は高い。それに代替する産業は少なく、公共事業の入札制度の変化や町村合併の政策の変化による影響は大きい。

　埼玉県では2016年現在、過疎地域指定されている地域は、旧大滝村、旧両神村、旧神泉村、東秩父村の4地区である。東秩父村は、2010年から過疎地指定された比較的新しい過疎自治体である。東秩父村以外の村は、2005年前後に町村合併を行ない、各地域とも新市あるいは新町に編入されている。

　旧大滝村は山間地に位置し、過疎化が進む地域であり、近隣の旧村と比較して大きな市である秩父市と町村合併を行なった。旧大滝村は埼玉県の過疎地としては面積的に最も広い地域である。

　東秩父村は人口減少が著しく村財政も緊迫しているが、町村合併を選択せず、自身で独立することを選択した村である。

　神泉村および両神村は面積的にほぼ同様の広さであるが、財政的に豊かであり人口規模も大きい隣接する町と合併を行なった。

　平成の市町村合併は、国の施策によって進められていった。しかし、その後の地域の有り様は帰属する市町村の政策によって影響を受ける。この合併した自治体の変容、また地域の過疎変化を観察し、市町村合併後の公共事業の排他的受注圏の変容を実証する。

１．埼玉県におけるランク制度と市町村事業に充当される
　　地方債について

　本節では、実証調査に先立ち、市町村事業に関わりの深い埼玉県における建設業者の格付基準であるランク制度と過疎対策事業債等の市町村事業に関わる地方債についての説明を行なう。

（１）埼玉県におけるランク制度とランク分けについて

　埼玉県における各建設業者への各付基準を表５－１に表わす。

　資格審査数値とは、経営審査におけるＰ点に埼玉県独自の基準で加算された数値[1]となる。埼玉県で加算となるのは、例として、地域の安心・安全評価点の加算として、「県と災害時における防災活動について定めた防災協定等を締結し、防災活動に一定の役割を果たす者」には、経営審査におけるＰ点に20点が加算される。また、女性技術職員に対する評価点や若年層（34歳以下）を新規雇用することによって評価点が加算される。

表５－１：埼玉県における建設会社格付基準

等　　級	建設会社格付基準
Ⓐ　級	資格審査数値が1110点以上であって、かつ、１級相当技術者の数が10人以上である者
Ａ　級	資格審査数値が850点以上であって、かつ、１級相当技術者の数が３人以上である者（Ⓐ級に該当する者を除く）
Ｂ　級	資格審査数値が710点以上であって、かつ、１級相当技術者の数が１人以上である者（Ⓐ級及びＡ級に該当する者を除く）
Ｃ　級	資格審査数値が620点以上である者（Ⓐ級、Ａ級及びＢ級に該当する者を除く）
Ｄ　級	Ⓐ級、Ａ級、Ｂ級及びＣ級に該当しない者

出典：埼玉県HPより筆者作成

第5章　埼玉県における過疎指定地域について

表5－2：埼玉県における発注標準額

等　　級	発注標準額
Ⓐ　　級	6,000万円以上
A　　級	3,000万円以上1億円未満
B　　級	1,000万円以上6,000万円未満
C　　級	250万円以上3,000万円未満
D　　級	1,000万円未満

出典：埼玉県HPより筆者作成

　この加算点は、時代と県の政策によって変化する。つまりは、加算点というインセンティブを与えることによって、県が地元建設業者に求めている方向に向かわせていこうという姿勢をとっていることがわかる。

　また、県外業者に対しては、この加算点による加算は行なわれていない。つまり、できる限り県外業者を排除し、県内業者を保護しようとする施策の一環である。市町村においても同様の施策がとられ、市町村は市内業者を保護している。

　埼玉県における、工事発注標準額は表5－2に示す。この表5－1および表5－2をもとにして、以下、建設会社A社を例として、入札までの手順を述べる。

　A社は経営審査事項におけるP点が820点である。A社は県と防災協定を結び、女性技術職員を雇用している。また、1級技術者も3人以上雇用している。この場合、A社はP点820点に、県による加算点、つまりは、防災協定による加算20点、女性技術職員の雇用による加算10点が上乗せされ、最終的な資格審査数値が850点となる。また、A社には1級相当技術者が3人以上在籍していることから、格付はA級となる。したがって、発注標準額をみるとⒶ級からB級までの工事で、自社の格付金額にあった工事に入札できることとなる。しかし、3,000万円未満の標準額であるC級以下の工事には入札できない。図にすると図5－1（次頁）のようになる。

　A級である地元建設業者であるA社は、Ⓐ級工事とB級工事を重なり合わ

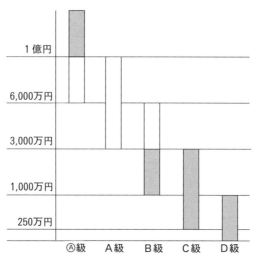

図5－1：埼玉県における発注標準額
出典：埼玉県HPより筆者作成

せている部分について入札できる。図5－1の場合であれば、白抜きの部分については入札できる。

　以上のように、各県および市町村では入札制度だけではなく、ランク制度を使いながら地元建設業者を保護している。しかし、同地域に同ランク業者が多くなれば、それだけ同じランク工事に入札をする建設業者が増加するということでもある。分離・分割発注を認められている県や市町村単位の自治体であれば、自地域に多いランクの業者向けに工事を分割していくということも可能である。

（2）市町村事業に充当できる地方債について

　次に過疎地指定された自治体が使用できる過疎債を中心に説明する。市町村道事業における充当できる主な地方債を表5－3に示す。
　市町村は表5－3にある地方債を起債しながら事業を行なっている。先述したが道路改良や道路新設等の国庫補助が受けられる事業であるならば公共

第5章　埼玉県における過疎指定地域について

表5−3：市町村道事業に充当できる主な地方債

地方債名	対象事業	充当率	元利償還金に対する交付税措置
公共事業等債	国の補助事業の地方負担分について充当	地方負担額の90%	90%のうち、財源対策債分である40%の半分が基準財政需要額に算入
地方道路等整備事業債	地方単独事業として行なう道路整備事業に充当	90%	なし
合併特例事業債	国道、県道、市町村道のうち、①合併市町村の中心部と合併関係市町村の中心部を連絡する道路事業②合併関係市町村の公共施設等について、合併市町村住民による共同利用を促進させるのに必要な道路事業に充当	合併特例事業95% 　元利償還金の70%が後年度基準財政需要額に算入 合併推進事業 　元利償還金の40%が後年度基準財政需要額に算入	
辺地対策事業債	辺地法に基づき、辺地を包括する市町村が、辺地とその他の地域との間における住民の生活文化水準の著しい格差の是正を図るため、当該辺地に係る公共的施設の総合整備計画に基づいて実施する公共的施設整備事業に充当	100%	元利償還金の80%が後年度基準財政需要額に算入
過疎対策事業債	過疎法に基づき公示された市町村が策定する過疎地域自立促進市町村計画に基いて実施する事業に充当	100%	元利償還金の70%が後年度基準財政需要額に算入

出典：埼玉県資料より筆者作成

事業債が使用でき、市町村は事業費の40%の負担で事業が行なえる。道路維持事業の場合となると国庫補助は出ないことから、市町村の負担は事業費全額を負担しなくてはならない。

　合併市町村や辺地および過疎指定されている市町村であるならば、辺地対策事業債や過疎対策事業債を起債することができる。それにより公共事業債より有利な起債内容で起債でき、事業費負担も少なくなる。合併特例事業であるならば、市町村負担分は事業費の32%の負担となり、過疎対策事業であるならば、事業費の15%の負担で事業が行なえる。

　このことから、合併を行なった市町村や過疎指定されている地域などは、これら有利な起債をもって事業を進めることができる。今回、後述する現地調査を行なった秩父市では普通建設事業費の半分を合併特例事業債によって

支出された事業で占められていた。東秩父村では、社会資本総合整備交付金を使用し村内交通整備網整備を実施したが、その事業が終了し、村予算単独事業になった年度から事業が激減した。

２．市町村合併による地元建設業者の行動パターンについて
──旧大滝村内におけるケーススタディ──

本節では、埼玉県内過疎指定４村のうち、旧大滝村に関する実地調査を通じて、地元建設業者と地方自治体による受注圏の移り変わりを分析する。旧大滝村はダム建設などの公共事業が盛んな地域であった。旧大滝村では、同じ秩父郡に属する中心的な市である秩父市と合併を行なった。経済規模の大きな市との合併は過疎地域の建設業にどのような影響をもたらしたのであろうか。

（１）旧大滝村の地域概要

旧大滝村は、埼玉県の西端に位置し、山梨県や長野県に接する山村である。荒川の最上流域にあり、大滝地区の97％が山林である。2005年４月に秩父市、荒川村、吉田町、大滝村の４市町村が合併し、秩父市の範囲が拡大した。大滝村は秩父市大滝地区となったが、大滝地区の面積は331㎢で、秩父市全域の57％を占めるほど広大である。しかし、大滝地区の人口規模は2010年では1,000人余り、秩父市総人口のわずか1.6％を占めるにすぎない。

大滝地区は、公共交通を使っての他地区への移動が困難な場所である。大滝地区には鉄道はなく、鉄道を利用するためには秩父鉄道三峰口駅に出る必要があるが、旧村の中心地である旧大滝村役場から、三峰口駅までは約10km程度離れている。また、大滝地区より秩父市中心市街地までは、約20kmの道のりである。バス運行は三峰口駅行きが日に10本程度、秩父駅行きが日に１本程度にすぎないので、主な移動手段は自家用車となる。秩父市中心地から旧大滝村へ車で向かうルートは、国道140号のみであり、市街地への通勤・

通学も不便な場所である。

（2）大滝地区における人口減少と産業の衰退

①大滝村時代からの人口変化

　大滝村の人口は、1970年に4,791人であったが、1980年に2,713人に減少し、さらに合併後の秩父市大滝地区となってからの人口は2010年には1,013人と激減した。つまり、この30年間に62％も人口が減少した。この急激な人口減少の背景には、林業、鉱業、建設業、製造業など、これまで山村経済を支えてきた産業の衰退が関係している。特に主力産業であった鉱山業の衰退の影響が大きい。しかも「平成の大合併」によって、過疎の村は市と合併し大規模な自治体となった結果、旧村役場は単なる地区事務所となり、村としての自治権は喪失し、新しい自治体のなかでの政治的な発言力は弱く、地域の公務員数も減少し、さらに村の社会・経済の衰退に拍車をかけることになった。

　図5－2のように、大滝地区の人口は減少し続け、同時に高齢化も進行している。65歳以上の人口割合は、1980年は16％であったが、2010年では53％

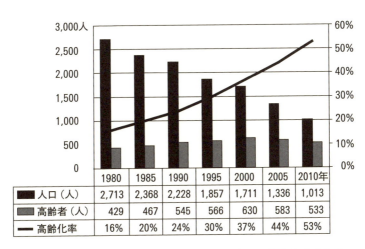

図5－2：秩父市大滝地区人口と65歳以上人口推移と高齢化率
出典：国勢調査より筆者作成

に達した。大野（2005）は65歳以上の高齢者が50％以上の集落を限界集落と呼んだが、大滝地区では地区全体でも限界集落の定義に当てはまる。大滝地区の一部には65歳以上の人口割合が50％を超え、社会的共同体の維持が困難になった限界集落が山間に散在している。

②産業別従事員数からみる産業構造の変化

図5-3に示すように、かつて旧大滝村の山村経済を支えてきた主な産業は、鉱業、林業、農業、建設業、製造業、公務などであった。それらはすべて衰退してしまい、もはや雇用を創出できない地域となってしまった。現在残された人口の就業はサービス業が大半を占めているにすぎない。

秩父鉱山は1960年の最盛期には3,000人が居住する鉱山の街として発展していたが、1978年に鉄、銅などの金属鉱石の採掘を廃止、それ以降、鉱山経営は縮小し続け、ついに2006年には鉱山街から人影が消滅した。しかし、現在でも硅砂、石灰石の採掘は継続されている。

当該地区の産業の衰退は民間の産業の衰退だけではなく、公共事業も深く関わっている。旧大滝村地区ではダム建設ということで、1990年代後半に建設業のブームがあったが、公共事業の減少は建設業のその後の衰退を招いた。滝沢ダムの建設計画が1969年に発表されたが補償交渉が長期化し、水没する112戸の移転は1996年にようやく全戸完了した。ダム本体は1999年に着工、2008年に竣工した。ダム建設は一時的な景気を生み出したが、やがて住民の移転や公共事業の削減により人口減少や地域共同体の衰退をもたらした。

建設業従事者数は2000年の268人をピークに、2010年には51人となり、10年間で5分の1以下に激減した。このようにダム建設に伴う建設業就業者数の増大と、その後の衰退が顕著である。公務員の従事者数も、町村合併が行なわれる前の2005年では53人であったのに対して、2010年では27人となり半減した。町村合併に伴って同地区に居住する公務員数が減少したことも、地域の雇用が減少した一要因となった。山間の傾斜地を利用した農業は発展性が乏しく、農業従事者は2010年時点で9人のみである。

第5章　埼玉県における過疎指定地域について

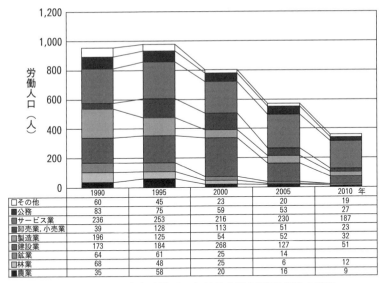

図5－3：秩父市大滝地区における産業別従事者数の推移
出典：国勢調査より筆者作成

（3）旧大滝村における市町村合併前後の域内公共投資額の推移

　大滝村は、2005年に秩父市と市町村合併を行なった。その大滝村の市町村合併という大きな政策的変化によって地区に配分される公共事業予算の変化について考察する。

　表5－4（次頁）は秩父市に合併した、旧市町村の人口や財政規模を示す。

　合併前の旧秩父市は合併市町村のなかで、財政力指数も高く、人口密度も高かった。しかし、経常収支比率[3]は高く財政の弾力性を欠いている状態であるが、他の合併を行なう町村と比較して財政状況は健全であった[4]。財政収支比率からみる合併市町村の経済状況の比較を行なうと、秩父市が最も財政的に余裕があり、次いで吉田町であった。一方、自治体の収入から毎年度経常的に支出される経費、つまりは固定経費を賄えないほどの財政状況であったのが、荒川村と大滝村であった。この財政状況という点からみても合併後の秩父市において旧秩父市地区が経済規模で中核的な存在となった。

125

表 5 - 4 : 2004年度市町村合併後の秩父市を構成する各旧市町村規模

項　目	単　位	秩父市	大滝村	荒川村	吉田町
面　積	km²	134.03	330.98	46.97	66.1
人　口	人	59,790	1,711	6,382	5,992
人口密度	人	446	5	136	91
財政力指数		0.66	0.19	0.51	0.28
経常収支比率	％	92.5	108.7	100.8	98.1
地方債現在高	万円	1,534,495	166,189	183,369	420,187
標準財政規模	万円	1,062,470	92,624	142,699	187,694

出典：総務省決算カードより筆者作成

　旧大滝村は、合併市町村のなかで最も財政状況も悪く人口密度も低かった。特に経常収支比率も100％を超え、先にも述べたが自己税収だけでは、村運営に必要な固定経費も賄えなかった。

　次に、表 5 - 5 において合併後の秩父市の財政状況を示す。

　合併を行なったことにより、旧秩父市の視点からみる財政状況は悪化しているが、他の町村の視点からみると財政状況は改善されている。

表 5 - 5 : 2005年度秩父市人口および財政規模

項　目	秩父市
面　積	577.69km²
人　口	70,563人
人口密度	122人
財政力指数	0.58
経常収支比率	90.1％
地方債現在高	2,551,046万円
標準財政規模	1,545,037万円

出典：総務省決算カードより筆者作成

つまり、旧秩父市以外の人口的にも財政的にも弱小な町村からみると、強い自治体と合併を選択するほかはなく、旧秩父市からみると合併は不利な条件であった。

次に、自治体の公共事業予算である普通建設事業費の推移をみる。図5－4は、合併後の秩父市を構成する旧大滝村と旧秩父市および旧吉田町、旧荒川村の合併前の普通建設事業費の推移である。

秩父市と合併した各市町村の普通建設事業費は、当然ながら旧秩父市の予算規模が最大で、構成比として、旧秩父市が約70％であり、次が吉田町の約10％前後、大滝村と荒川村が同様な規模で、約7～8％程度であった。

2001年から2004年にかけて大滝村以外の旧秩父市を含む各市町村では、合併に向けて普通建設事業費の執行額を減少させているが、大滝村においては合併前の駆け込みでの予算消化がみられる。他の合併予定市町村と違い、大滝村は過疎指定地域のため、過疎債による予算措置が可能なことから、駆け込み予算消化を行なったものと推測できる。

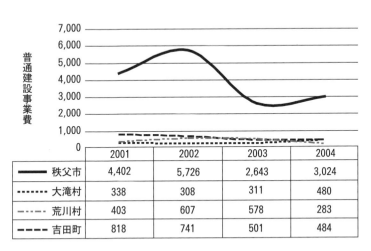

図5－4：秩父市を構成する各市町村の合併前普通建設事業費の推移
（単位：年、百万円）
出典：総務省市町村決算カードより筆者作成

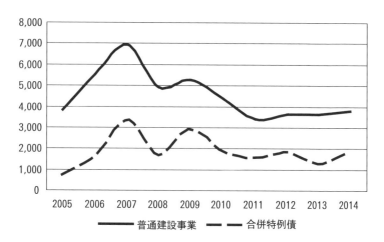

図5－5：秩父市における普通建設事業費と普通建設事業費に含む合併特例債の推移（単位：年、百万円）
出典：総務省市町村決算カード、新市まちづくり計画（秩父市、2014）より筆者作成

次に合併後、秩父市の普通建設事業費の推移を図5－5に示す。

市町村合併を行なった秩父市の普通建設事業費は、合併当初は50億円から70億円程度まで普通建設事業費が増えたが、それ以降は合併以前の旧秩父市の普通建設事業費の水準にまで低下した。その普通建設事業費のうち、合併特例債の占める割合は、合併当初はまだ少なかったが、その後普通建設事業費の半分を占めるようになっていった。

秩父市は今後の方針として、普通建設事業費を抑制していくという。抑制は、合併による特例期間が15年となっていることから、2020年が特例期間終了年度となるからである。それに向け事業費を抑えている（秩父市, 2016）。

図5－4と図5－5を合わせて観察すると、合併特例債を起債したとしても合併した4市町村分の普通建設事業費を合計した予算額となるわけではないことがわかる。この普通建設事業費の推移をみていくと、普通建設事業費は合併当初である2005年度では70億円程度であったが、2014年度では約39億円にまで減少する。合併前の秩父市の2001年から2004年間の平均普通建設事業費は約39億円であった。つまりは、中心となる市の普通建設事業費まで予

算が収斂したのである。

　合併自治体の公共事業予算が、比較的規模が大きい旧市の予算レベルに収斂してしまうと、旧町村には旧自治体を主な顧客として経済活動をしてきた地元建設業者が存在するうえに、合併した周囲自治体の地元業者も存在することから、競争が激化し、一部の弱小業者の死活問題に発展しかねない。

（4）秩父市における市町村合併後の公共工事の発注について

　本項では、合併後の秩父市における各旧市町村別の公共事業の発注状況を通じて、合併の影響を考察する。

　まず、大滝村時代の発注形態と、どのような発注が行なわれていたのかを述べる。

　大滝村時代においては、村内建設業者に対して指名競争入札が行なわれていた。[5]村内建設業を表5－6に示す。

表5－6：大滝村における地元建設業者一覧（2015年）

業者名	資本金 （万円）	平均完工高 （万円）	職員数 （人）	県ランク	営業年数	所在地
A　社	3,000	22,316	11	A	45年	秩父市大滝
B　社	3,000	35,313	25	A	58年	秩父市大滝
C　社	1,000	4,329	10	B	55年	秩父市大滝
D　社	2,000	52,441	32	A	46年	秩父市中宮地町
E　社	2,000	28,379	10	A	64年	秩父市荒川上田野

出典：秩父市提供資料（2015年）、経営事項審査（2015年）より筆者作成

　上記5社は旧大滝村時代から秩父市との合併後も営業を続けている。これら建設業社の規模は、資本金が1,000万円～3,000万円程度であり、それぞれの建設業者のランクは、AからBランクという、概ね同程度中小規模の建設業者で構成されていた。

　合併前の大滝村では、この5社で村の公共事業を請け負っていた。D社と

E社は、それぞれ秩父市と荒川村に所在しているが、元々は大滝村発祥の企業であることから、本社移転後も継続して大滝村の公共事業を請け負ってきた。

　大滝村における公共工事の予算は、この5社で分配していた。図5－4にみるように、大滝村の合併前の普通建設事業費は、約3億円であった。5社で分配すると、1社当たり6,000万円程度の売上げが村の公共事業からもたされていた。しかし、秩父市と合併し、大滝村が秩父市大滝地区になることによって予算規模が縮小する。

　表5－7は、合併後2012年度～2014年度までの秩父市における各旧町村への公共工事の発注状況である。

表5－7：秩父市による旧町村地区別公共事業発注件数（2012年～2014年度）

2012年度

	発注件数			
	総件数	一般入札	指名競争入札	一般競争入札比率
秩父地区	51	13	38	25.5%
荒川地区	2	0	2	0.0%
大滝地区	14	6	8	42.9%
吉田地区	11	3	8	27.3%
計	78	22	56	28.2%

2013年度

	発注件数			
	総件数	一般入札	指名競争入札	一般競争入札比率
秩父地区	78	19	59	24.4%
荒川地区	3	0	3	0.0%
大滝地区	13	6	7	46.2%
吉田地区	17	4	13	23.5%
計	111	29	82	26.1%

第 5 章　埼玉県における過疎指定地域について

2014年度

	発注件数			
	総件数	一般入札	指名競争入札	一般競争入札比率
秩父地区	52	12	40	23.1%
荒川地区	6	3	3	50.0%
大滝地区	8	4	4	50.0%
吉田地区	19	6	13	31.6%
計	85	25	60	29.4%

出典：埼玉県電子入札総合案内より筆者作成

　秩父市による公共事業の発注件数を地区ごとに比較をすると、秩父地区に対して重点的に発注が行なわれ、他地区は少ない。また、一般競争入札制度採用の比率も、秩父地区は25％台で推移しているものの、他地区では一般競争入札制度を採用する割合が年を追うごとに上昇している。

　秩父市においては1,000万円以上の工事は、一般競争入札が原則となっている。秩父地区以外の地区においては、1,000万円以上の公共工事が多く発注されていることが、表5－7からみてとれる。官公需法において行き過ぎない程度の分離・分割発注が認められているのにもかかわらず、旧秩父市地区以外の地区においては、一般競争入札制度での工事が多く発注されている。これまで、旧自治体のなかで指名競争入札での受注活動が行なわれていた。しかし、このことにより、旧秩父市地区以外の地元建設業者は、価格による競争を強いられていることは想像に難くない。

　秩父市の一般競争入札は「制限付き一般競争入札制度」である。制限とは、市内に本支店がある建設業者（地域要件）であり、市の公共工事において、一定の実績がある建設業者に入札資格を付与する入札制度である。つまり、合併後、旧自治体すべてが秩父市となり、秩父市内に本支店があり、一定実績のある地元建設業者であるならば、旧自治体の垣根を越えて入札に参加できるようになったのである。その結果、市町村合併が行なわれると、旧自治体で指名されていた業者は広域化した自治体内で激しい価格競争に巻き込ま

れることとなった。

　次に、受注面からみた秩父市における地元建設業者への公共事業の配分を旧市町村別に比較し考察する。

　表5－8から表5－10は、2012年度から2014年度までの過去3年間の秩父市を構成する旧市町村に対する公共事業発注の落札記録に基づき、地区別での落札金額を集計したものである。

　2012年度の秩父市における各地区別の落札は、秩父地区の業者が一番多く、合計51件、4億1,000万円だった。大滝地区は、合計14件、1億3,000万円程度であった。

　2013年においては、秩父地区の発注金額は増加され、合計78件、約5億7,000万円の発注がなされた。大滝地区では、合計13件、約2億8,000万円であった。しかし、大滝地区において受注した業者は、実際には吉田地区や荒川地区に本社をおく域外業者の受注率が70％近く占め、地元大滝地区に所在する旧大滝村指名業者は、22％程度しか受注できていなかった。

　また、秩父地区の業者は、他地区の建設業者と比較して、受注ができていることが表5－8および表5－9、表5－10からわかる。2014年度になると、その傾向は多少の緩和をみせるが、依然、秩父地区の建設業者が大きなシェアを占めている。

　2012年度から2014年度までの公共投資の発注が多くなされている業者が集中する地域は、秩父地区であることがわかる。しかも、秩父地区の建設業者が大滝地区や荒川地区の公共工事をより多く受注していることも明らかになった。

第5章　埼玉県における過疎指定地域について

表5－8：2012年度秩父市による旧町村地区への公共事業発注金額と地区別受注者

秩父地区総発注件数・金額	件　数	金額（円）	発注金額に対する割合
	51	419,229,590	
大滝地区業者受注件数・金額	1	2,600,000	0.6%
吉田地区業者受注件数・金額	2	19,236,680	4.6%
荒川地区業者受注件数・金額	1	8,204,000	2.0%
その他（災害協定外業者）	15	148,154,320	35.3%
秩父地区業者受注件数・金額	32	241,034,590	57.5%
大滝地区総発注件数・金額	件　数	金額（円）	発注金額に対する割合
	14	138,915,700	
秩父地区業者受注件数・金額	3	23,156,300	16.7%
吉田地区業者受注件数・金額	0	0	0.0%
荒川地区業者受注件数・金額	3	26,288,000	18.9%
その他（災害協定外業者）	3	8,327,000	6.0%
大滝地区業者受注件数・金額	5	81,144,400	58.4%
荒川地区総受注件数・金額	件　数	金額（円）	発注金額に対する割合
	2	4,260,000	
秩父地区業者受注件数・金額	1	2,800,000	65.7%
吉田地区業者受注件数・金額	0	0	0.0%
大滝地区業者受注件数・金額	0	0	0.0%
その他（災害協定外業者）	1	1,460,000	34.3%
荒川地区業者受注件数・金額	0	0	0.0%
吉田地区総発注件数・金額	件　数	金額（円）	発注金額に対する割合
	11	138,685,300	
秩父地区業者	4	89,332,500	64.4%
荒川地区業者	0	0	0.0%
大滝地区業者	0	0	0.0%
その他（災害協定外業者）	2	29,464,000	21.2%
吉田地区業者	5	19,888,800	14.3%

出典：埼玉県電子入札総合案内より筆者作成

表 5 - 9：2013年度秩父市による旧町村地区への公共事業発注金額と地区別受注者

秩父地区総発注件数・金額	件　数	金額（円）	発注金額に対する割合
	78	576,794,374	
大滝地区業者受注件数・金額	1	10,260,000	1.8%
吉田地区業者受注件数・金額	7	72,998,000	12.7%
荒川地区業者受注件数・金額	5	5,242,500	0.9%
その他（災害協定外業者）	4	17,262,000	3.0%
秩父地区業者受注件数・金額	61	471,031,874	81.7%
大滝地区総発注件数・金額	件　数	金額（円）	発注金額に対する割合
	13	288,368,930	
秩父地区業者受注件数・金額	2	12,660,000	4.4%
吉田地区業者受注件数・金額	2	108,550,000	37.6%
荒川地区業者受注件数・金額	1	90,480,000	31.4%
その他（災害協定外業者）	1	12,011,000	4.2%
大滝地区業者受注件数・金額	7	64,667,930	22.4%
荒川地区総受注件数・金額	件　数	金額（円）	発注金額に対する割合
	3	10,864,000	
秩父地区業者受注件数・金額	0	0	0.0%
吉田地区業者受注件数・金額	0	0	0.0%
大滝地区業者受注件数・金額	0	0	0.0%
その他（災害協定外業者）	2	8,064,000	74.2%
荒川地区業者受注件数・金額	1	2,800,000	25.8%
吉田地区総発注件数・金額	件　数	金額（円）	発注金額に対する割合
	17	130,286,544	
秩父地区業者受注件数・金額	4	57,640,800	44.2%
荒川地区業者受注件数・金額	0	0	0.0%
大滝地区業者受注件数・金額	0	0	0.0%
その他（災害協定外業者）	3	8,157,000	6.3%
吉田地区業者受注件数・金額	10	64,488,744	49.5%

出典：埼玉県電子入札総合案内より筆者作成

第 5 章　埼玉県における過疎指定地域について

表 5 －10：2014年度秩父市による旧町村地区への公共事業発注金額と地区別受注者

秩父地区総発件数・金額	件　数	金額（円）	発注金額に対する割合
	52	390,785,445	
大滝地区業者受注件数・金額	2	32,742,312	8.4%
吉田地区業者受注件数・金額	2	7,458,331	1.9%
荒川地区業者受注件数・金額	3	30,108,780	7.7%
その他（災害協定外業者）	12	91,623,431	23.4%
秩父地区業者受注件数・金額	33	228,852,591	58.6%
大滝地区総発件数・金額	件　数	金額（円）	発注金額に対する割合
	8	133,971,442	
秩父地区業者受注件数・金額	1	13,596,910	10.1%
吉田地区業者受注件数・金額	0	0	0.0%
荒川地区業者受注件数・金額	2	70,562,640	52.7%
その他（災害協定外業者）	0	0	0.0%
大滝地区業者受注件数・金額	5	49,811,892	37.2%
荒川地区総受注件数・金額	件　数	金額（円）	発注金額に対する割合
	6	61,578,005	
秩父地区業者受注件数・金額	0	0	0.0%
吉田地区業者受注件数・金額	0	0	0.0%
大滝地区業者受注件数・金額	1	19,836,005	32.2%
その他（災害協定外業者）	2	7,976,000	13.0%
荒川地区業者受注件数・金額	3	33,766,000	54.8%
吉田地区総発件数・金額	件　数	金額（円）	発注金額に対する割合
	19	254,647,588	
秩父地区業者受注件数・金額	4	73,318,360	28.8%
荒川地区業者受注件数・金額	1	14,880,000	5.8%
大滝地区業者受注件数・金額	0	0	0.0%
その他（災害協定外業者）	2	38,630,350	15.2%
吉田地区業者受注件数・金額	12	127,818,878	50.2%

出典：埼玉県電子入札総合案内より筆者作成

表5－11：2012年度～2014年度における大滝地区公共事業受注業者

2012年度	件　数	金額（円）
A　社	2	37,449,269
E　社	3	43,394,500
他地区業者	9	58,071,931
大滝地区（総件数）	14	138,915,700
2013年度	**件　数**	**金額（円）**
B　社	2	8,916,930
E　社	1	32,271,000
C　社	1	10,380,000
D　社	1	7,700,000
他地区業者	8	229,101,000
大滝地区（総件数）	13	288,368,930
2014年度	**件　数**	**金額（円）**
C　社	4	29,814,207
E　社	1	16,117,685
他地区業者	3	88,039,550
大滝地区（総件数）	8	133,971,442

出典：埼玉県電子入札総合案内より筆者作成

　次に、その地区にいる地元建設業者がどの程度、地区の仕事を受注したかを、大滝地区を事例に表5－11にまとめた。

　大滝地区にある、旧大滝村指名建設業者は、表5－6にある通り5社である。2012年度からの受注をみると、市の公共事業を1件も受注していない地元建設業者もあった。合併前は、大滝村のなかで、地元5社で公共事業を分担してきた。市町村合併という変化のなかで、小規模自治体に属する地元指名建設業者が、地元の公共事業を受注する機会が大幅に減少した。

　大滝地区に所在する地元建設業者は、「合併してから、仕事がとれなくなった。仕事がとれる建設業者はいつも決まったところだ」と述べている[6]。この地元建設業者は、規模的にも技術的にも比較的優位に立ちながらも地元で仕事をとれないことから、秩父地区以外の他地域に受注圏を拡大し、民間発

第5章　埼玉県における過疎指定地域について

注の仕事を多く請け負うことによって、自社の存続を確保している。

　大滝地区に所属する地元建設業者が、秩父地区に所属する比較的企業規模の大きい会社に受注機会を奪われる理由として、発注工事の最低落札価格に合わせられる工事価格積算技術の差と、総合評価入札方式制度が理由としてあげられる。

　発注者である地方自治体に所属する土木技術者は、工事価格積算ソフトを使い積算を行なっている。また、官製積算の単価は部外秘とされ公表されていないものである。しかし、ある程度の企業規模をもつ地元建設業者であれば、県庁や市役所OBを講師に雇い入れ、積算技術の講習会を開講し、発注者と同等の積算ソフトの導入を行ない、積算技術者の養成を行なっていることから、官製積算と同等の価格が出せる技術をもっている。本書第3章でも述べたが、零細ともいえる地元建設業者では、積算技術者養成のコストは負担できない。

　また、総合評価入札方式では、前年度工事で優良工事等の評価を受けることによって、企業評価が上がり、評点に加点されることから落札がしやすくなる。これにより、毎年同じような地元建設業者が表彰され落札していることから、ある一定の地元建設業者による寡占が生まれる。

　今回の秩父市に関わる市町村合併は、新たに拡大された地域市場での経済規模では、秩父市が他の市町村と比較して相対的に優位な経済規模を誇る。合併した秩父市のなかで周辺部の旧自治体と比較して、中核的旧自治体地区に対してより多くの公共投資がなされたばかりではなく、その自治体に本支店があった建設業者が市町村合併後も大きなシェアをもつ傾向が明らかになった。換言すれば、旧秩父市を除く周縁的存在の自治体に所在した指名業者は衰退するリスクが高まっている。

（5）小　括

　本節では、大滝地区に着目して、秩父市における普通建設事業費の発注の地域別分析を行なった。合併後、秩父市の普通建設事業費は縮小しつつある。

経済規模の大きな秩父市主導での公共事業が行なわれるため、公共事業の地域的配分も、それを請け負う地元建設業者も、旧秩父市の業者が多く受注する。しかも、合併した過疎地を含む弱小自治体において行なわれている公共事業に関しても、旧秩父市地区の地元建設業者が受注する機会が多くなり、地元建設業者の仕事が減少している。

　これまで、独禁法の規制がゆるやかであった時代では公共投資配分において、地方自治体と地元建設業者による排他的受注圏が成立していた。この時代は、地域の災害やインフラの整備などを地元建設業者が担当する代わりに、公共事業によって、自社の存続権を確保するという一種の互恵関係があった。しかし、市町村合併によって、その垣根は壊れ、合併した新市のなかで地元建設業者同士、特に有力旧市建設業者に有利な競争にさらされる状況に至っている。

3．市町村合併による地元建設業者の行動パターンについて
──新「小鹿野町」におけるケーススタディ──

　本節では、埼玉県内過疎指定４村のうち、小鹿野町と合併した旧両神村に関する実地調査を通じて、公共事業に関する地方自治体の変化と地元建設業者の受注面の検討をする。

　旧両神村は、旧大滝村に接している過疎地域であった。旧両神村は比較的人口規模や財政規模でそれほど差がない旧小鹿野町と合併し、新「小鹿野町」となった。地域面積はあまり違わないが、旧小鹿野町のほうが人口は４倍程度多い。経済規模では両町村とも財政が苦しい状況には変わりがない。秩父市と周辺町村の合併は、差がある自治体間で行なわれて、事実上中心都市に周辺が吸収されるかたちとなったが、小鹿野町の合併は比較的対等合併に近い。

　そのような町村が合併を選択して新しい自治体を形成すると、旧自治体別の指名業者の受注はどのような状況となるのか検討する。

（1）新「小鹿野町」の地域概要

　小鹿野町は埼玉県秩父郡にある町で、秩父盆地のほぼ中央に市街地を形成
している。2005年10月1日に小鹿野町と隣接する両神村との2町村が合併し、
「小鹿野町」となった。旧小鹿野町の位置は秩父市街地に近く町内には鉄道
施設はないが、駅へのアクセスも比較的よい。旧両神村は旧小鹿野町の市街
地からさらに山間部に入ったところに位置する。両神山を中心とした秩父多
摩甲斐国立公園や日本の滝百選に選ばれた「丸神の滝」のある県自然環境保
全地域、県立両神自然公園、名峰「二子山」を擁する県立西秩父自然公園な
どの豊かな自然に恵まれた地域である。

　小鹿野町の地域概要としては町域171.76㎢、人口約1万2,000人であり、隣
接自治体は、埼玉県秩父市と群馬県神流町および上野村である。鉄道を利用
するためにはバス等の公共交通機関や自動車等で秩父鉄道三峰口駅や秩父駅
または、西武鉄道西武秩父駅に出る必要がある。町内主要道路は、国道299
号、主要地方道県道37号皆野両神荒川線、県道43号皆野荒川線を擁している。
両神山をはじめとする山々に町内が囲まれていることから、地区西部から先
は抜けられず行き止まりとなっている。そのため、西側の山間部は隔絶され
た土地柄である。

　土地利用については、総面積の90％近くを山林や国有林が占めており、農
地が少なく、総面積の8％である。わずかな平地に農地があり、小規模な農
家が多く所在している。旧両神村に接する旧大滝地区は山林の占める割合が
より高く、ほとんど平地がなく農地が極端に少ない。つまり、同じ過疎地で
も小鹿野町両神地区は秩父市大滝地区よりもやや立地条件が良い。宅地は2
％であるが、県道209号小鹿野影森停車場秩父公園線沿いに町の主要施設や
集落があることから、県道沿いにコミュニティを形成している。

　小鹿野町の小鹿野地区は、秩父市街地に近接し、近世に宿場町として繁栄
し、小鹿野歌舞伎などの文化を通じて地域と住民がつながっている歴史をも
つ土地である。

　それに対し両神地区は、両神山と薄川および小森川流域を中心とした地域

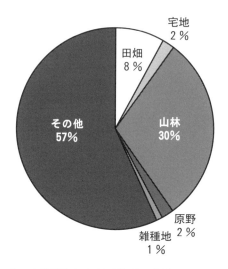

図5－6：小鹿野町における地目別土地利用割合（2005年）
出典：埼玉県市町村勢概要より筆者作成

に集落が点在している地域である。土地のほとんどが山林や原野で占められており、一部の平坦地と傾斜地において、小規模な農業が営まれている。かつては、林業が盛んであったが、輸入木材に押されたこと、また需要の減少から林業経営は減退している。

両神村は環境の変化から観光に力を入れ、1975年に村営国民宿舎「両神荘」をオープンさせた。1991年には、ふるさと創生事業を利用した日帰り温泉浴場施設を開設し、1992年に埼玉県山西省友好記念館「神怡舘」（2018年3月閉館）、1993年には「鳳鳴館」が建設された。

産業が衰退した両神地区は、これらの観光施設をつくることにより、地域を活性化させようとした地域である。

（2）旧両神村における人口変化と産業構成について

旧両神村の人口は、1980年には、3,417人、高齢化率は15％であった。2000年に、人口は3,018人となり高齢化率は27％となった。合併後の2010年に、地

第 5 章　埼玉県における過疎指定地域について

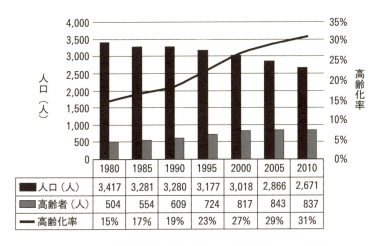

図 5 − 7：小鹿野町両神地区の人口と65歳以上人口の推移
出典：国勢調査より筆者作成

域人口は2,671人となり、高齢化率は31％となった。このように、旧両神村は旧大滝村と比較して、人口減少傾向は緩やかであり、高齢化率も低い。地区内に大規模なダム工事があった建設産業依存型の旧大滝村と、ダム建設がなかった建設産業への依存度が相対的に低かった旧両神村という両者の違いも人口の増減に関係しているであろう。

次に、図 5 − 8 に両神地区において産業従事している人口の推移を示す。農業人口の1990年値は290名従事していたが、2010年現在では、121名と半減している。また、両神地区には㈱秩父富士という富士電機系の企業が立地していることから、かつては製造業の従事者が多かった。しかし、事業規模の縮小から現在では雇用人数を減らしている状況である。そのような状況を反映して、1990年での両神地区の製造業の従事者は、602名であったのに対し、2010年現在では、387名と半減している。しかし、両神地区全体で見ると、労働人口の減少も比較的緩やかであり、地域人口の減少が緩やかなことが特徴的な過疎地域である。

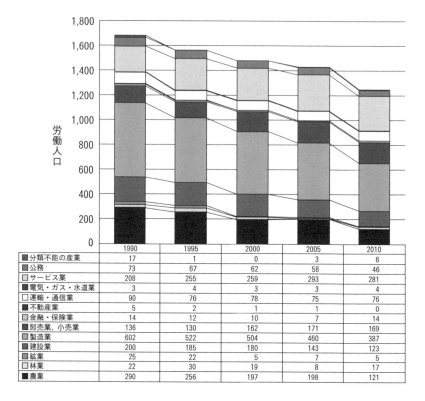

図5－8：小鹿野町両神地区における労働人口の推移（単位：年、人）
出典：国勢調査より筆者作成

（3）旧小鹿野町および両神村における市町村合併前の財政規模

　本項では、合併後の公共投資の推移をみる前段として、合併前の各町村の財政規模と公共投資の推移をみていく。表5－12は、旧小鹿野町および旧両神村における財政規模を比較したものである。

　旧小鹿野町および旧両神村を比較すると、旧小鹿野町は、旧両神村と比較して財政規模は約2倍あり人口は4倍であった。旧小鹿野町のほうが、財政規模は大きく人口も多いが、前節で述べた秩父市と大滝村等の市町村合併の規模と比較すると、旧小鹿野町および旧両神村の合併はそれほどの地域差はない。

第 5 章　埼玉県における過疎指定地域について

表 5 − 12：2004年度合併前の小鹿野町と両神村の財政

項　目	単　位	小鹿野町	両神村
面　積	km²	100.03	71.42
人　口	人	12,043	3,018
人口密度	人	120	42
財政力指数		0.43	0.22
経常収支比率	％	94	100.6
地方債現在高	万円	523,131	164,267
標準財政規模	万円	256,771	102,841

出典：総務省決算カードより筆者作成

表 5 − 13：2005年度市町村合併後の小鹿野町財政規模

項　目	小鹿野町
面　積	171.75km²
人　口	14,479人
人口密度	84人
財政力指数	0.38
経常収支比率	96.1％
地方債現在高	741,802万円
標準財政規模	362,798万円

出典：総務省決算カードより筆者作成

　ただし、どちらの自治体にもいえることは、経常収支比率が高く財政状況は硬直化していることである。両自治体のなかでの比較では、旧小鹿野町のほうが良好であった。合併後の小鹿野町は、表 5 − 13に示したように、財政力指数も0.38となり、経常収支比率も96.1％となった。合併前の旧小鹿野町と比較して、財政状況がよくない両神村を合併したことから当然のことながら財政状況は悪化したことが読み取れる。

　次に、合併後の両町村の歳入面を観察する。山間部の地元建設業者にとって主な顧客は市町村等の自治体であるが、合併後の自治体の財政状況が良好

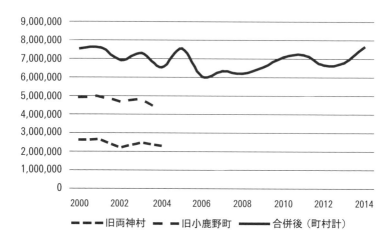

図5－9：小鹿野町および両神村と合併後の小鹿野町の歳入状況（単位：年、千円）
出典：総務省決算カードより筆者作成
2000年～2004年間は旧小鹿野町および旧両神村の歳入の合計である

でないと地元建設業者に対する発注が減少する。

図5－9において、旧両神村と旧小鹿野町の歳入の変化をグラフにて示す。2004年度までは、合併前の旧両町村の歳入額と旧小鹿野町の歳入合計をグラフに表し、合併後は新小鹿野町の歳入を表わす。

合併前の旧両町村の歳入をみると、旧小鹿野町、旧両神村ともに歳入のピークは2003年であった。旧両神村は、2001年および2002年の地方債の発行は、1億7,000万円程度の発行を行なっていたが、2003年度に入り、3億3,000万円と発行を倍増させている。このことから2003年度の旧両神村の歳入は多くなっている。

2005年の合併後の新小鹿野町の歳入は、多少の変動はあるが、ほぼ旧町村の歳入を足し合わせた額の水準となっている。歳入状況は、旧町村の歳入を足し合わせた数値に収まっているが、公共事業の原資となる土木費の推移は減少傾向にある。

図5－10で合併前の土木費と合併後の土木費をグラフとしてまとめ、推移を観察する。

第 5 章　埼玉県における過疎指定地域について

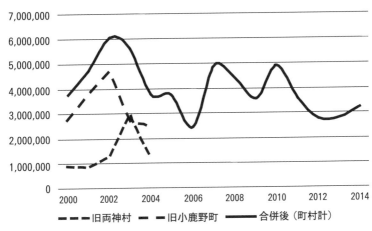

図 5 − 10：小鹿野町および両神村と合併後の小鹿野町の土木費の推移
　　　　（単位：年、千円）
出典：総務省決算カードより筆者作成
2000年～2004年間は旧小鹿野町および旧両神村との合計である

　旧町村の合併前の推移として、土木費の落ち込みは、小鹿野町は2002年から始まり、両神村は、2003年度から落ち込みが始まる。これは、合併前の駆け込み発注から合併に向けた発注抑制がみられると考えられる。

　合併後の2005年以降になると、土木費は落ち込み、2013年には旧小鹿野町単独予算程度の土木費まで落ち込むこととなる。歳入の状況は変わらないなか、土木費が年々減少していった。この状況のなかで、地元建設業者が町から受注する公共事業は減少していったことは想像に難くない。

　合併後、公共事業予算が減少したことから、旧自治体のなかで地元建設業者が、災害対応や地域インフラのメンテナンスを昼夜問わず行なう地域貢献と引き換えに、公共事業の受注の見返りを受ける互恵関係が、小鹿野町のなかでも両神地区では特に崩れている可能性が高い。

　次項では、両神村を主軸として、公共事業の受注面からの観察を試みることとする。

145

表5－14：旧両神村における地元建設業者一覧（2015年度）

業者名	資本金 （万円）	平均完工高 （万円）	職員数 （人）	県ランク	営業年数	所在地
A　社	3,000	58,965	17	A	53年	小鹿野町両神薄
B　社	1,000	5,587	7	B	35年	小鹿野町両神薄
C　社	1,000	6,554	6	C	20年	小鹿野町両神小森
D　社	500	401	2	D	38年	小鹿野町両神薄
E　社	1,000	6,912	2	B	33年	小鹿野町両神薄

出典：小鹿野町提供資料（2015年）、経営審査事項（2015年度）より筆者作成

（4）町村合併前後の受注面からみた公共事業の推移

　本項では、地元建設業者の視点から公共事業の推移を考察する。つまりは、合併前後において公共事業がどのように地元建設業者に発注され、また地元建設業者が受注していったかということを観察し、町村合併後の公共事業について考察を行なう。

　旧両神村には地元建設業者が6社ほどあったが、そのうち1社が倒産して現存しているのは5社である。

　表5－14のように旧両神村に所在している公共事業を受注していた地元建設業者5社を比較すると、両神村内で、一番大きな規模をもつ会社がA社である。他のB社～E社と比較して、従業員数も多く、完工高も他社の約10倍となっている。他のB社～E社になると、零細企業といってもよいほどの個人経営となる。D社になると、年間の平均完工高は、約400万円となり、公共工事の受注はほとんどしていない。また、他の事業者も年間6,000万円前後の完工高である。

　このように両神村では、A社という比較的規模が大きい会社が1社ある以外は、家族経営といえるような零細な地元建設業者が多い。

　合併前の2001年度から2004年度の建設会社の受注状況を表5－15に示す。なお、X社は現在両神地区に現存しない建設会社1社を表わす。

第5章　埼玉県における過疎指定地域について

表5－15：2001年度～2004年度旧両神村における公共工事受注者一覧（単位：円）

2001年	工事件名	地　域	請負会社名	受注金額
10月26日	柏沢線林道改修工事	大字薄地内	D　社	892,500
	浦島線林道改修工事	大字薄地内	C　社	1,680,000
	小森川水辺環境整備工事	大字小森地内	A　社	18,900,000
	村道718号線道路舗装改修工事	大字小森地内	A　社	1,260,000
11月12日	大胡桃山排水路改良工事	大字薄地内	A　社	5,670,000
	県単独串脇線林道災害復旧工事	大字薄地内	A　社	7,560,000
	村単独串脇線林道災害復旧工事	大字薄地内	A　社	6,720,000
12月21日	林道21号道路舗装工事	大字小森地内	A　社	3,255,000
	六葉線林道舗装工事	大字小森地内	A　社	7,770,000
	中尾線林道舗装工事	大字小森地内	A　社	11,445,000
	農道舗装工事	大字薄地内	A　社	9,660,000
	日陰入支線林道開設工事	大字薄地内	X　社	36,120,000
	日陰入支線林道改良工事	大字薄地内	X　社	9,660,000
	大谷線林道災害復旧工事	大字薄地内	X　社	33,180,000
			受注金額計	**153,772,500**
2002年	工事件名	地　域	請負会社名	受注金額
6月28日	村道1025号線道路改良工事	大字小森地内	E　社	1,785,000
8月28日	上野沢線林道改良工事	大字小森地内	B　社	1,995,000
	串脇線林道改良工事	大字小森地内	E　社	4,095,000
9月30日	黒海土排水路改良工事	大字薄地内	E　社	2,835,000
	浦島浄水場改良工事	大字薄地内	A　社	3,937,500
10月7日	村道11号線道路排水路改良工事	大字薄地内	B　社	2,572,500
	村道87号線防護柵設置工事	大字小森地内	D　社	1,155,000
10月16日	日陰入支線林道開設工事	大字薄地内	X　社	42,640,500
12月10日	沼里坂戸線林道開設工事	大字薄地内	A　社	50,085,000
12月11日	節分草緑駐車場整備工事	大字小森地内	B　社	3,391,500
12月24日	柏沢線林道舗装工事	大字薄地内	A　社	2,940,000
	小森川水辺環境整備工事	大字小森地内	A　社	18,165,000
	防火水槽新設工事	大字薄地内	A　社	3,990,000
	集人駐車場整備工事	大字薄地内	D　社	1,942,500
2月17日	村道3号線橋梁整備（下部工）工事	大字薄地内	A　社	50,715,000
	小桜宅地造成工事	大字薄地内	A　社	9,660,000
			受注金額計	**201,904,500**
2003年	工事件名	地　域	請負会社名	受注金額
12月8日	村道3号線橋梁整備上部工（床版工）工事	大字薄地内	A　社	47,880,000
	黒海土排水路改良工事	大字薄地内	A　社	7,455,000
2月25日	村道3号線道路改良工事	大字薄地内	B　社	5,355,000
	村道3号線大平戸大橋親柱設置工事	大字薄地内	A　社	1,575,000
			受注金額計	**62,265,000**
2004年	工事件名	地　域	請負会社名	受注金額
6月30日	薄川渓流観光釣場整備工事	大字薄地内	A　社	4,777,500
7月15日	村道3号線改良付帯（小学校校門新設）工事	大字薄地内	A　社	3,255,000
7月27日	村道3号線道路改良（第一工区）工事	大字薄地内	A　社	17,640,000
8月19日	布設替箇所指定舗装復旧工事	村内全域	A　社	2,415,000
9月30日	丸神の滝遊歩道整備工事	大字小森地内	A　社	10,815,000
	鳥井山歩道整備工事	大字薄地内	D　社	1,186,500
			受注金額計	**40,089,000**

出典：小鹿野町提供資料より筆者作成

表 5 -15をみると、旧両神村における公共事業は、合併前の2002年がピークであった。2001年には約 1 億5,000万円だった受注額が、2002年には約 2 億円となり大幅な増加がみられた。しかし、2003年に入ると、受注金額は著しく低下し、約6,000万円となる。その後、合併前年の2004年には約4,000万円となり、近年ピーク時の 5 分の 1 に落ち込んだ。この変動は合併前の駆け込み発注のピークが2002年であり、その後は合併に向けて公共工事を抑制したと考えられる。

旧両神村において、最も多く受注していたのはＡ社である。Ａ社は、2001年度には、発注13件中、 9 件の受注をしている。金額は、合計約7,200万円となり、金額ベースで約46％もの工事を受注していた。2002年においては、16件中、 7 件となり、金額は、約 1 億3,000万円となる。金額ベースの比率においては、69％となる。つまり、旧両神村においては、発注した工事の半数以上をＡ社が受注していたのである。

合併後の両神地区における公共工事の受注は、どのようなものになっているであろうか。合併後の移り変わりを観察するために、2012年〜2014年までの両神地区建設業者の受注をまとめた。

表 5 -16は、2012年度における、両神地区建設業者の受注一覧である。2002年は、旧両神村だけで約 2 億円の受注額であったものが、合併後は小鹿野地区、両神地区合わせて 2 億円程度の受注額となっている。そのなかで、両神地区建設業者だけでみると、約6,000万円程度となり、受注額全体全体でみると約30％の受注額となる。

両神村時代、村の公共事業の半数以上を請け負っていたＡ社の受注件数と金額は、工事件数は 4 件で、受注金額は約3,700万円に減少した。10年前と比較すると、約 1 億円程度売上が減少したこととなる。通常の企業であるならば、何かしらの手立てを打たなければ、会社の存続・維持を望むことができない。Ａ社は売上の低下を補うために、他地区の事業を請け負わなければならないことは想像に難くない。

筆者のインタビューによると、Ａ社社長は「現在では、町の仕事は受注できないために、県の仕事や他地区での下請け仕事を主にやっている[8]」と述べ

第5章　埼玉県における過疎指定地域について

表5−16：2012年度合併後における両神地区建設業者受注一覧

2012年	工事件名	地　域	請負会社名	受注金額：円
5月29日	小鹿野町立病院駐車場舗装工事	小鹿野地内	B　社	1,050,000
5月29日	町道両神1122号線側溝改修工事	両神小森地内	D　社	1,575,000
6月21日	町道両神72号線側溝改修工事	両神薄地内	B　社	3,150,000
7月4日	町道両神15号線舗装工事	両神薄地内	A　社	7,980,000
10月4日	ホースポール設置工事	飯田地内外	E　社	3,045,000
	森林管理道日蔭入線舗装工事	両神薄地内	E　社	14,910,000
11月30日	森林管理道譲沢線改良工事	両神小森地内	A　社	8,400,000
11月30日	舗装本復旧（美女ヶ平）工事	両神薄地内	A　社	6,247,500
	町営バスターミナル設置工事	両神薄地内	A　社	14,700,000
両神地区建設業者受注計				61,057,500
小鹿野町公共事業契約額				205,873,500
両神地区建設業者受注比率				29.7%

出典：小鹿野町提供資料より筆者作成

ている。

　では、単に両神地区への公共事業の発注が減少したために、両神地区業者の売上が減少したのかというと、そういうわけでもないことがわかる。2012年度では、両神地区は、約9,000万円（表5−17、次頁）であり、小鹿野地区への公共事業は、1億1,000万円程度（表5−18、次々頁）の受注額であった。両神地区への発注はいくらか少ないが、小鹿野地区と両神地区とともに、公共事業の発注額は減少しており、大きく隔たりがあるわけではない。

　隔たりが少ないにもかかわらず、小鹿野町全体の仕事だけでなく、本来、地場であった両神地区の仕事すらもとれなくなった理由として、両神地区へ小鹿野町地区業者が進出し、両神地区業者が両神地区の仕事をとれなくなってしまったばかりでなく、両神地区業者が小鹿野地区において仕事がとれないということに起因する。

表5－17：2012年度両神地区公共事業発注一覧

工事件名	施工地	契約額：円
町道両神1122号線側溝改修工事	両神小森地内	1,575,000
国民宿舎前広場整備工事	両神薄地内	9,660,000
町道両神72号線側溝改修工事	両神薄地内	3,150,000
町道両神15号線舗装工事	両神薄地内	7,980,000
防火水槽設置工事（日蔭工区）	両神薄地内	3,252,900
森林管理道日蔭入線舗装工事	両神薄地内	14,910,000
森林管理道浦島線舗装工事	両神薄地内	8,715,000
森林管理道譲沢線改良工事	両神小森地内	8,400,000
舗装本復旧（美女ヶ平）工事	両神薄地内	6,247,500
町営バスターミナル設置工事	両神薄地内	14,700,000
桜沢地内水路改修工事	両神薄地内	2,913,750
町道両神3号線舗装工事	両神薄地内	7,927,500
	両神地区計	89,431,650

出典：小鹿野町提供資料より筆者作成

　2012年度における両神地区業者の受注箇所（表5－16）をみると、小鹿野地区で受注できた件数は、2件だけである。残りは両神地区での工事受注である。小鹿野町は指名競争入札であるため、両神地区の公共事業でも合併前のように両神地区5社での指名競争入札とならず、小鹿野地区業者と両神地区業者も区別なく指名競争入札となることから、競争は激化したのである。

表5−18：2012年度小鹿野地区公共事業発注一覧

工事件名	施工地	契約額：円
小鹿野町立病院駐車場舗装工事	小鹿野地内	1,050,000
伊豆沢地内水路改修工事	伊豆沢地内	1,134,000
町道189号線道路改良工事	小鹿野地内	12,810,000
町道707号線柏木橋補修工事	飯田地内	22,890,000
松坂団地駐車場舗装工事	飯田地内	2,184,000
町道271号線道路改良工事	般若地内	3,717,000
町道89号線道路改良工事（総合評価方式）	小鹿野地内	19,425,000
町道201号線道路改良工事	長留地内	3,465,000
町道358号線道路改良工事	三山地内	1,291,500
森林管理道北ノ入線舗装工事	般若地内	2,866,500
防火水槽設置工事（大指工区）	三山地内	2,767,800
町道250・251号線道路改良工事	般若地内	5,544,000
ホースポール設置工事	飯田地内外	3,045,000
森林管理道長久保線舗装工事	藤倉・日尾地内	5,817,000
町道214号線舗装工事	長留地内	2,619,750
長留事業用地内仮水路改修工事	長留地内	8,805,300
観光案内標識設置工事	小鹿野地内	3,440,850
町道397号線舗装工事	河原沢地内	2,520,000
舗装本復旧（軍平・納宮一橋詰）工事	三山・河原沢地内	6,772,500
小鹿野用水管理道舗装工事	飯田地内	1,995,000
町道舗装維持修繕工事	伊豆沢地内外	2,281,650
	総　　計	116,441,850

出典：小鹿野町提供資料より筆者作成

（5）小　括

　第1節で論じた秩父市と合併した大滝村と同様に、小鹿野町と合併した旧両神村のケーススタディを通して、経済基盤の大きい自治体と小さい自治体が市町村合併を行なうと、公共投資の受注に関しては、大きな経済規模の自治体に所在する地元建設業者は、小さな経済規模の自治体に所在する地元建設業者よりも有利となる傾向があることが明らかとなった。経済規模の大きな自治体は合併町村にとって中心地となる。中心地への傾斜的な公共投資が偏る傾向があることから（森川, 2008)、縁辺部といえる経済規模の小さな自治体が中心地といえる経済規模の大きな自治体と合併すると、地元建設業者は地元の公共事業を受注できる確率が著しく低下し、合併前の地方自治体と地元建設業者の地域内で保護されていた寡占的公共事業の発注・受注関係が崩壊する。

　このような過疎地域の弱小自治体が、規模の大きい自治体と合併すると事実上「吸収合併」となり、地元へ公共事業を配分するための政治力を失い、かつ広域化した合併自治体の地域全体のバランスを考慮した財政的見地から、人口の少ない過疎地域への公共投資への経済的インセンティブは低下する。つまり、人口が集中する中心地への投資効果が重要視されるのである。この合併した過疎地域において、地元の建設業者の存続が危ぶまれて問題も生ずる。

　かつては地元市町村が自治体内の災害対応や緊急のインフラ整備を地元建設業者が行なうことによって、自治体と地元建設業者の関係は相互に依存し合う関係が成立していた。しかし、合併後はそのような関係も崩壊したために、地元建設業者が災害対応や緊急のインフラ整備も行なうインセンティブは低下してきている。合併後は本拠地を地元におく必要性もなくなった。

　筆者の聞き取り調査によれば、自社存続を求め、公共事業ばかりでなく、民間建設需要の高い市街地などの他地域へ受注圏を拡大させ、本社の移転すら検討している建設業者もあったことを確認している。

第5章 埼玉県における過疎指定地域について

4．市町村合併を選択しない地域に関する変化とその考察
―― 東秩父村に関する公共投資と地域の変化について ――

　第2節の旧大滝村と、第3節の旧両神村のケーススタディにおいては、市町村合併後の過疎地域の地元建設業者に主眼をおいた分析を行なったが、本節で扱う東秩父村は、埼玉県で唯一の合併を選択しなかった過疎地域指定された村である。

（1）東秩父村の地域概要

　埼玉県秩父郡東秩父村は埼玉県西部に位置し外秩父山地などの山々に囲まれ、槻川の最上流域に位置している。村域37.17km²に対し人口が3,348人であり、村域の81.4％が山林で構成されている山村である。総面積に対して、宅地は2％程度であり、農地は7％である。

　東秩父村は、周囲を秩父市・寄居町・小川町・皆野町・ときがわ町に囲まれている。東秩父村は、秩父郡に属しているものの秩父盆地から山を隔てた東側にあることから、広域行政においては秩父地方ではなく、隣接する比企

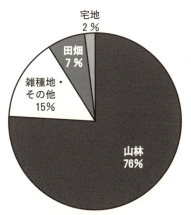

図5-11：東秩父村における土地利用比率
出典：東秩父村概要より筆者作成

郡の自治体とともに比企広域市町村圏組合[10]を構成している。

　東秩父村での名産は、「細川紙」であり、古くから和紙の里として知られている。

　東秩父村の交通手段としては、鉄道は敷設されていないことから、公共交通機関はバスだけであり、その他の移動手段としては、自動車等を利用しなくてはならない。鉄道を利用するためにはバスおよび自家用車等で、小川町駅（東武東上線、JR八高線）、寄居駅（東武東上線、JR八高線）に出る必要がある。都心へは鉄道（東武東上線）を利用すれば、小川町駅および寄居駅より１時間程度でアクセスできる。

　道路交通としては、埼玉県道11号熊谷小川秩父線が通っており、この県道沿いに村役場等の主要施設が立地している。この県道を使用することにより、最寄り駅である小川町駅や最寄りの関越自動車道・嵐山小川ICにアクセスすることができるため、村内の基幹道路という位置づけである。

　このことから、過疎地域指定されているという共通点はあるものの、旧大滝村や旧両神村と比較すると、東秩父村は都内や、さいたま市など県の中心地への鉄道や自動車を利用した移動は容易である。

（２）東秩父村における人口変化と産業構成について

　東秩父村における人口は、1980年で4,704人であり、うち高齢者人口は678人、高齢化率は14.4％であった。2000年では、人口は4,119人となり、20年間で人口比12％の減少となった。高齢者人口は1,085人となり、高齢化率は26.3％である。20年間で高齢者増加率は約38％であった。

　2010年になると、人口が3,348人となり高齢者人口は1,091人となる。高齢化率は33％となった。2000年より2010年までの高齢者人口の増加は６人と微増にとどまったが、村人口は10年間で19％減少した。

　村内高齢者人口はほぼ横ばいの状態であるが、若年層の減少が著しく、総人口が減少傾向であり、高齢化率は急上昇した。64歳以下の人口は、村外への移動が進み、高齢化が進んでいる地域であるが、高齢化率は30％程度とな

第5章　埼玉県における過疎指定地域について

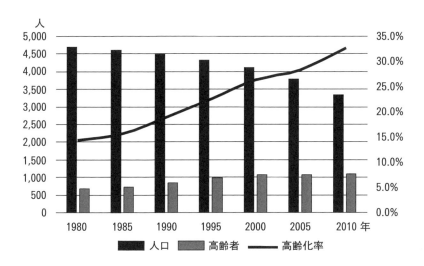

図5－12：東秩父村における人口と高齢化率の推移
出典：国勢調査より筆者作成

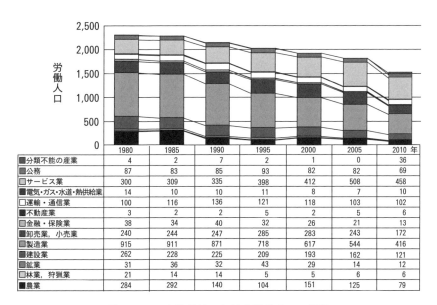

図5－13：東秩父村における労働人口の推移
出典：国勢調査より筆者作成

っていることから、自治体全体が限界集落というほどの状況には陥ってはいない。しかし、このまま、若年層の村外移動が進み、定住人口の高齢化が進めば、自治体全体が限界集落と呼ばれる地域となる可能性は十分にある地域である。

　次に、東秩父村における雇用に目を向けると、地域で最も雇用が多い業種はサービス業である。次に製造業が続き、卸売業が第3位となる。

　過疎地における主力産業といわれている農業と建設業および公務の比率は、サービス業、製造業、卸売業などの村に居住する就業者が従事する主要産業と比べると低い。東秩父村は、近隣に本田技研工業㈱の工場があり、また、自家用車や鉄道を利用し容易に都心やさいたま市等の中心地へのアクセスが可能なことから、サービス業や製造業等の比率が高い。2010年値における国勢調査でも、村における村外就業者は約66%であった。これらのことから、東秩父村は過疎地域指定をされている山村であるが、他地域へのアクセスの利便性から旧大滝村や旧両神村とは違う地域の優位性をもつといえる。

（3）東秩父村における公共投資の推移と財政規模

　本節では、東秩父村における公共投資額の推移と、村財政規模の考察を行なう。東秩父村は、大滝村・両神村や、後述する神泉村と違い、近隣市町村である小川町等との市町村合併協議会が立ち上がっていたのにもかかわらず、市町村合併には至らなかった。

　東秩父村の財政規模と公共事業における発注面の分析を行なう。まず、東秩父村における財政規模は、表5－19に示した。

　東秩父村における財政は、旧大滝村や旧両神村とあまり違いはない。財政の弾力性を示す財政力指数は、大滝村が0.19、両神村は0.22であった。経常収支比率は93.7%であるが、合併前の大滝村と両神村は、経常収支比率が100%を超えていた。財政の弾力性は低いが収入に対する支出は、比較的余裕がある状態といえる。しかし、決して良好な財政状況とはいえず、両神村および大滝村同様にいつ合併を行なっても不思議ではない財政状況である。[11]

第 5 章　埼玉県における過疎指定地域について

表 5 - 19：2014年度における東秩父村の財政規模

項　目	東秩父村
面　積	37.06㎢
人　口	3,348人
人口密度	90人
財政力指数	0.2
経常収支比率	93.7%
地方債現在高	142,337万円
標準財政規模	132,821万円

出典：総務省決算カードより筆者作成

　図 5 - 14（次頁）から東秩父村における歳出と歳出に占める土木費の推移
は、2007年から2014年まで概ね 4 ％前後で推移している。しかし、2010年度
以降、土木費の比率は増加し、歳出に占める割合は10％を超えた。東秩父村
は2010年度に過疎地域指定され、過疎債を起債できるようになったためであ
る。

　東秩父村は改正過疎法（2010年 4 月施行）の過疎要件に該当したことから
過疎地域指定され、過疎法における特別措置の一つである「過疎地域自立促
進のための特別措置の拡充」等から国からの援助を受けられるようになった。[12]

　過疎地域指定されたことにより、「東秩父村過疎地域特別事業」が開始し
され、過疎地振興の地域間の交流事業を主として、道路新設工事や橋梁新設
工事が行なわれた。この事象から、歳出に占める土木費は増加していった。
過疎地域指定される以前では、村の歳出に占める土木費の割合 5 ％前後であ
ったが、指定されて以降、歳出に占める割合は10％を超えた。

　ただし、東秩父村の「東秩父村過疎地域自立促進計画」によると、増加し
た土木費はすべて、道路事業、河川事業に予算配分がされるわけではなく、
防犯灯の設置や防災無線設置のための予算も含まれていることから、すべて
の予算が地元建設業者に配分されるものではない。

157

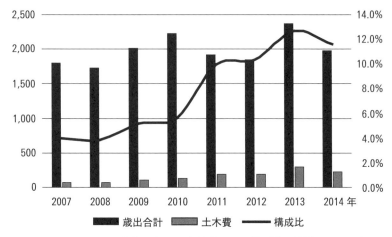

図5-14:歳出と歳出に占める土木費および構成比(単位:百万円)
出典:総務省決算カードより筆者作成

(4)東秩父村における受注面からみた地元建設業者における企業行動

　公共事業の発注面からみた東秩父村は、過疎地域指定されたことにより、歳出全体の変化はみられなかったが、相対的に土木費が増加している。本項においては、地元建設業者に対して、発注者である地方自治体は、どのような発注形式をとっているのかということと、発注金額の推移を検討する。
　まず、東秩父村における地元建設会社の概要を述べる。東秩父村における地元建設業者は表5-20の通り3社あり、3社ともに従業員数と県のランクともにほぼ同じような規模の企業である。A社は創業63年と村で一番古い地

表5-20:東秩父村における地元建設業者の概要

業者名	資本金	平均完工高	職員数	県ランク	営業年数	所在地
A社	2,000	4,055	4	C	63年	東秩父村安戸
B社	1,000	5,410	5	B	36年	東秩父村安戸
C社	750	8,193	6	B	38年	東秩父村坂本

出典:東秩父村提供資料および経営審査より筆者作成(単位:万円、人)

元建設業者であり、他の企業は40年程度の営業期間である。東秩父村では、この3社で村の公共工事を賄っている状況である。

表5－21（次頁）に、2012年度から2014年度までの3カ年の東秩父村の発注状況と受注状況を示した。

発注に対しての受注金額と、入札方式および指名競争を一覧表とした。2012年度においては、1億8,000万円程度の受注があったものが、2014年度においては3,200万円となり、1億5,000万円程度受注金額が減少している。

2012年度は、社会資本整備総合交付金を受けたことによる事業が多く発注され、1件当たりの金額も多いもので約6,000万円であり、少ないものでも1,000万円に近い受注金額であった。しかし、2013年度における社会資本整備総合交付金を利用した公共工事は2件となり、そのうち1件は村外業者が受注した。2014年度は、社会資本整備総合交付金等の国の補助金を利用した事業はなくなり、村単独予算での工事発注となった。村単独予算では、元々の予算規模の小ささから発注できる件数と金額も減少した。

工事の発注方式をみると、東秩父村では、すべて指名競争入札制度を利用し、必ず村内3業者は指名される。工事の予定価格が300万円程度であれば、村内業者しか指名されず、村内業者が村の仕事を確実に請け負うこととなる。つまりは、市町村合併を選択しなかった東秩父村では、市町村合併を契機として崩れてしまった排他的受注圏というシステムが生きているといえる。また、業者と工事事業箇所の位置は関連性がないことから、村内を3社がテリトリーとして分配しているようである。

しかし、表5－21からみてとれるように、補助金の付かない村の発注金額は著しく低い。2014年度に至っては、1社当たり1,000万円程度の売上げしか見込めない状況である。各地元建設業者の平均完工高からみても、他地区の仕事を主に受注しており、村の仕事で企業活動を維持していることは無理な状況である。また、村内業者のコメントとして「指名されているし、古くからの付き合いだから仕事を請け負っている。小さい仕事を行ないながら、大きな仕事が発注されることを待っている」という。

この公共事業と地元建設業者のコメントからいえることは、排他的受注圏

表5-21：東秩父村における2013年度から2015年度の発注状況

2012年度	工事件名	事業箇所	入札方式
5月22日	村道2130号(堂平)線側溝整備工事	大字大内沢地内	指名競争入札
6月27日	(社資)半場線道路改築工事(交差点)	大字御堂地内	指名競争入札
8月22日	(社資)半場線道路改築工事(下部工)	大字御堂地内	指名競争入札
9月30日	村道2-4号(槻川東)線舗装工事	大字御堂地内	指名競争入札
11月19日	(社資)村道2-2号(入山)線外舗装修繕工事	大字安戸地内	指名競争入札
	(社資)村道1-3号(朝日根)腋舗装修繕工事	大字皆谷地内	指名競争入札
	村道2130号(堂平)線舗装修繕工事	大字大内沢地内	指名競争入札
12月6日	(社資)村道2-7号(和知場)線舗装修繕工事	大字坂本地内	指名競争入札
	(社資)村道2-10号(大宝)線舗装修繕工事(1工区)	大字大内沢地内	指名競争入札
	(社資)村道1-2号(萩平)線舗装修繕工事	大字御堂地内	指名競争入札
	(社資)村道1-2号(新田)線舗装修繕工事	大字皆谷地内	指名競争入札
	(社資)村道2-6号(上ノ山)線舗装修繕工事	大字坂本地内	指名競争入札
12月24日	(社資)村道2-3号(帯沢)線舗装修繕工事	大字安戸地内	指名競争入札

2013年度	工事件名	事業箇所	入札方式
5月21日	村道2-5号(小安戸)線舗装修繕工事	大字皆谷地内	指名競争入札
5月21日	村道2149号(堂平)線擁壁修繕工事	大字大内沢地内	指名競争入札
7月25日	村道2-9号(所沢)線擁壁工事	大字大内沢地内	指名競争入札
8月25日	(社資)半場線道路改築工事(上部工)	大字御堂地内	指名競争入札
10月1日	村道1-2号(萩平)線路肩修繕工事	大字御堂地内	指名競争入札
	村道2-5号(小安戸)線側溝整備工事	大字皆谷地内	指名競争入札
10月24日	村道2-1号(山ノ神)線舗装修繕工事	大字御堂地内	指名競争入札
	半場線道路改築工事(歩道舗装工)	大字御堂地内	指名競争入札
11月26日	半場線道路改築工事(付帯工事その1)	大字御堂地内	指名競争入札
12月19日	半場線道路改築工事(付帯工事その2)	大字御堂地内	指名競争入札
	村道1207号(東町)線法面修繕工事	大字安戸地内	指名競争入札
1月15日	村道2153号(程貝戸)線舗装修繕工事	大字大内沢地内	指名競争入札
1月22日	村道1-2号(萩平)線擁壁修繕工事	大字御堂地内	指名競争入札
	(社資)半場線道路改築工事(車道舗装工)	大字御堂地内	指名競争入札
	半場線道路改築工事(付帯工事その3)	大字御堂地内	指名競争入札

2014年度	工事件名	事業箇所	入札方式
5月19日	村道2122号(岩神)線舗装修繕工事	大字大内沢地内	指名競争入札
	村道1189号(梅ノ岡)線排水構造物工事	大字安戸地内	指名競争入札
	森林管理道荻殿線舗装修繕工事	大字白石地内	指名競争入札
7月15日	村道2153号(程貝戸)線舗装修繕工事	大字大内沢地内	指名競争入札
10月5日	村道3060号(杉奈窪)線舗装修繕工事	大字皆谷地内	指名競争入札
	やまなみ駐車場拡張造成工事	大字御堂地内	指名競争入札
	村道3032号(南)線舗装修繕工事	大字坂本地内	指名競争入札
	村道1-1号(槻川西)線歩道整備工事	大字御堂地内	指名競争入札
10月31日	村道2-3号線(帯沢橋)補修工事	大字御堂地内	指名競争入札
11月27日	村道1206号(宮ケ戸)線舗装修繕工事	大字安戸地内	指名競争入札
	村道2-3号(帯沢)線舗装修繕工事	大字安戸地内	指名競争入札
12月24日	村道1-2号(萩平)線舗装修繕工事	大字御堂地内	指名競争入札

出典：東秩父村提供資料（単位：円）

と受注者一覧

指名業者	受注者	受注金額
村内業者他1社	C　社	4,050,000
村内業者他3社	A　社	61,900,000
村内業者他3社	A　社	3480000
村内業者他1社	B　社	3,480,000
村内業者他1社	A　社	9,400,000
村内業者他1社	C　社	18,500,000
村内業者	B　社	2,920,000
村内業者他1社	C　社	11,970,000
村内業者他1社	B　社	12,850,000
村内業者他1社	村外業者	12,200,000
村内業者他1社	B　社	8,850,000
村内業者他1社	A　社	9,500,000
村内業者他1社	A　社	7,100,000
発注額計		182,400,000
指名業者	受注者	受注金額
村内業者	A　社	2,550,000
村内業者	B　社	1,440,000
村内業者	C　社	2,580,000
村内業者他3社	村外業者	59,900,000
村内業者	A　社	2,160,000
村内業者	C　社	1,390,000
村内業者	B　社	1,790,000
村内業者	A　社	2,100,000
村内業者	A　社	1,800,000
村内業者	A　社	2,950,000
村内業者	C　社	1,900,000
村内業者	A　社	1,450,000
村内業者他3社	A　社	6,650,000
村内業者他3社	C　社	4,580,000
発注額計		97,190,000
指名業者	受注者	受注金額
村内業者	A　社	3,780,000
村内業者	B　社	2,790,000
村内業者	C　社	1,750,000
村内業者	C　社	1,900,000
村内業者他3社	村外業者	2,800,000
村内業者	C　社	1,650,000
村内業者	C　社	1,740,000
村内業者	A　社	1,300,000
村内業者他3社	A　社	9,180,000
村内業者	B　社	1,900,000
村内業者	A　社	2,810,000
村内業者	A　社	1,320,000
発注額計		32,920,000

という制度がかろうじて存在していることから、企業移転を考えるまで至らず、村も少ない金額のなかで村内業者に仕事を出そうとしていることがわかる。しかし、企業活動という産業面からみると、企業存続が危ぶまれる状況である。

これまで、東秩父村のインフラ整備や緊急対応は、村内3社で行なってきた。しかし、企業の廃業や規模縮小が懸念される状況であり、この点では他の市町村合併を行なってきた地域と同様である。

（5）小　括

市町村合併を選択しなかった東秩父村であったが、村の地元建設業者の状況として、村と地元建設業者による排他的受注圏は生きており、村は地元建設業者を中心に仕事を発注している。地元建設業者3社は、そのなかで仕事を分配している。

しかし、その発注状況は、村予算の規模の小ささから1件当たりの発注金額は少なく、村の公共事業受注だけでは企業維持ができない状況である。市町村合併を行なった他の過疎地域の地元建設業者と同様、東秩父村でも起き

ている。しかも、排他的受注圏が存在することから、他地域への移転という選択肢も考慮できずにいる。

　村発注の公共事業の縮小から排他的受注圏は、村業者を縛りつけるためだけに機能し、他地域に進出し受注圏を拡大させるなどの積極的な事業展開はみられない。

　この状況では、近い将来、地元建設業者の受注は減少し経営が難しくなり、地元建設業者の廃業等が生ずることが予想される。

5．市町村合併による地域に対する影響と公共事業の変化
——市町村合併後の旧神泉村の変化について——

　本節では、埼玉県では最も面積が小さく過疎地である神川町神泉地区を中心として考察を行なう。神泉村は2006年1月1日に隣接する神川町と合併を行ない「神川町」となった。

　神泉村と合併した神川町は埼玉県児玉郡にある町である。神川町は埼玉県の北西部に位置し、神流川を挟んで群馬県藤岡市と隣接している。神川町は近接する同県内である本庄市や上里町より、群馬県藤岡市との結びつきが強く、仕事や買い物等は藤岡市でという人の割合が多い。

　神川町は、平地が多く田畑が多く、梨の栽培も盛んであり、町のマスコットキャクターも梨をモチーフとしたものである。

　旧神泉村は、村域24.25㎢、2010年の国勢調査値では人口約1,112人であり、隣接自治体は、埼玉県秩父市と群馬県藤岡市および合併を行なった神川町であった。

　旧神泉村には鉄道施設はなく、鉄道を利用するためにはバス等の公共交通機関や自動車等でJR八高線丹荘駅、または距離はあるがJR高崎線本庄駅に出る必要がある。町内主要道路は、県道13号前橋長瀞線、同289号矢納浄法寺線および同331号吉田太田部譲原線を擁している。

　旧神泉村の特徴として、神泉村と秩父市、皆野町にまたがる城峰山がそびえ、下久保ダムによってつくられた神流湖がある自然豊かな土地柄である。

第5章　埼玉県における過疎指定地域について

表5−22：神川町および神泉村における地目別土地利用割合
（2005年値、単位：ha）

市町村	総　数	田	畑	宅　地	池　沼	山　林	牧　場	原　野	雑種地	その他
神川町	2,317.0	311.3	707.3	397.3	0.1	295.6	—	24.0	119.3	457.6
神泉村	2,425.0	—	109.3	32.6	100.7	873.8	—	0.5	90.6	1,217.4

出典：埼玉県市町村勢概要より筆者作成

　神流湖のほとりには、村が設置した「冬桜の里神泉」がある。神川町と比べ、神泉村は山林や国有林が多く、平地が少ない地域である。

　城峰山があることから、神泉村から秩父市や皆野町に出るには峠を通過しなくてはならない。このことから、神流川を挟んで群馬県藤岡市のほうが交通の利便性がよく、村民も日常生活では藤岡市を利用しているという。

（1）神泉村における人口変化と産業構成について

①神泉村における人口の推移

　神泉村の人口は、1985年は1,422人であり、高齢者人口は221人、高齢化率は15.5％であった。2000年に入ると人口は1,314人となり、高齢者人口は26.6％となった。2010年になると人口はさらに減少し、1,121人となり、高齢者人口は411人で、高齢化率は36.7％となった。1985年からの人口減少率は21.1％である。また、人口の減少も1985年から2000年にかけての減少よりも、2000年から2010年までの減少のほうが多く減少している。

　2010年現在の高齢化率は、36.7％であり地区全体として限界集落と呼ばれる地域ではないが、今後この推移が続くと限界集落となる可能性がある地域である。

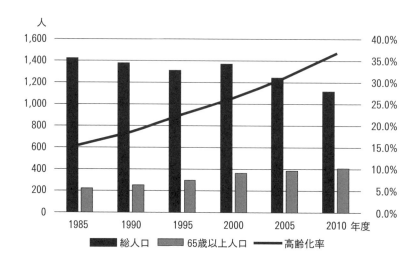

図5−15：旧神泉村人口と65歳以上人口推移と高齢化率
出典：国勢調査より筆者作成

②神泉村における産業構成について

　神泉村における産業は、サービス産業が最も多く、次に製造業が続く。過疎地の主な業種である建設業と農業および公務については、1980年では農業の就労人口が最も多かったが、年々減少し、建設業と公務に関してはそれほど減少していないが、他の産業と比較して就労人口は多いとはいえない。

　建設業に関しては、村に建設業を営む会社は1社しかなく、元々の就労人口を受け入れられる事業者は存在しなかった。

　旧神泉村に主だった産業は特になく、就労や買物などでは、川を挟んだ群馬県や埼玉県内であれば本庄市および深谷市に出ているという。

第5章 埼玉県における過疎指定地域について

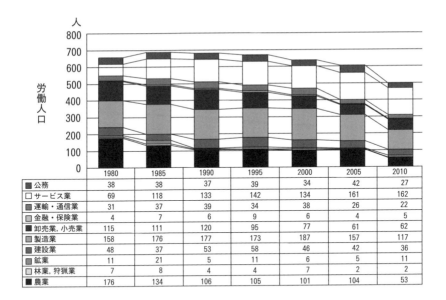

図5-16：旧神泉村における労働人口の推移率
出典：国勢調査より筆者作成

（2）神泉村および神川町における市町村合併前の公共投資額の推移と財政規模

　本項では、合併前と合併後の神泉村および神川町の財政状況を考察する。神泉村は、人口が1,300人程度の小さな村であった。財政は苦しく、経常収支比率は103％であり、財政力指数は0.29と村の自主財源では何もできない財政状況であったといえる。それに対し、神川町は、経常収支比率は89.7％であり、財政力指数は0.72であった。

　神川町はこれまで述べた、埼玉県の過疎地自治体における合併先のなかで財政が最も豊かな町である。この人口と財政状況から、神川町が町村合併後の主導権を握ることとなった。

表5－23：2005年度市町村合併後の神川町を構成する各旧町村の人口
および財政規模

項　　目	単　　位	神泉村	神川町
面　　積	km²	24.25	23.17
人　　口	人	1,374	13,823
人口密度	人	57	597
財政力指数		0.29	0.72
経常収支比率	％	103.4	89.7
地方債現在高	万円	152,333	331,696
標準財政規模	万円	54,490	268,242

出典：総務省決算カードより筆者作成

表5－24：2006年度神川町の人口および財政規模

項　　目	神川町
面　　積	47.42km²
人　　口	15,197人
人口密度	318人
財政力指数	0.66
経常収支比率	101％
地方債現在高	506,854万円
標準財政規模	337,021万円

出典：総務省決算カードより筆者作成

　合併後の神川町は、他の町村合併地域と同様に財政状況は悪化した。財政
力指数は下がり、経常収支比率は100％を超え、財政の硬直化を招くことと
なった。

　次に神泉村と神川町の歳入の推移を観察すると、これまで紹介した他の市
町村と同様に、当然にお互いの町村の歳入を足し合わせた歳入となる。

第 5 章　埼玉県における過疎指定地域について

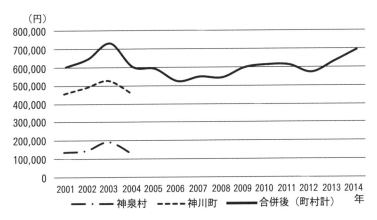

図 5 − 17：神泉村および神川町と合併後の神川町の歳入状況
出典：総務省決算カードより筆者作成

（3）旧神泉村における公共事業と共助について

　かつての神泉村では、村の建設業者は 1 社しかなく、その 1 社を維持しようと村も積極的に動いているわけではなかった。その 1 社も村の主だった公共事業を一手に請け負っていたわけではなかったことから地元建設業者による排他的受注圏は形成されていなかった。

　村での公共工事は、その 1 社を含んだ近隣市町村の建設業者を指名し工事を行なってきた。神泉支所の職員は、「合併してから同町内の建設業者と付き合うようになった。以前は、業者選定に苦労したことから、公共工事に関しては合併してよかったと思っている」と述べている。

　この村ではコミュニティの力が生きている。つまりは共助体制が確立していることから、地元建設業者を必要としない道路の修理等なども地域住民が協力して行なう地域がつくり上げられていた。

　神泉村では、下阿久原地域と上阿久原地域、矢納地域の 3 地域がある。その地域の人口は表 5 − 25（次頁）に示した。神泉村内の 3 地域の位置関係は、図 5 − 18（次頁）に示した。

表5−25：神泉村における各地域の人口と高齢化率

地　域	総人口	65歳以上人口	高齢化率
下阿久原	585	152	26.0%
上阿久原	405	184	45.4%
矢　納	131	75	57.3%

出典：国勢調査より筆者作成（2010年値）

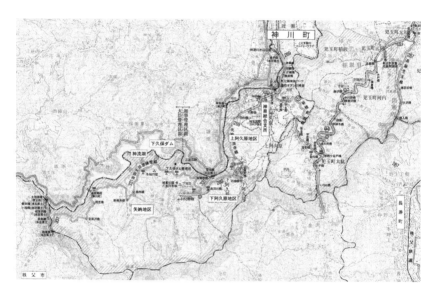

図5−18：神泉村における各地域の位置図
出典：埼玉県本庄県土整備事務所管内図より引用。筆者加筆

　2010年における矢納地域の人口は131人と他の地域と比較して少なく、高齢化率も高い。高齢化率は50％を超え、限界集落の定義に当てはまる。矢納地区は神泉村のなかでも最も奥に位置し、下久保ダムの麓に所在している地域である。神泉総合支所と矢納地区の標高差は約100m以上もあり、大滝村の標高差ほどはないが、地域ロケーション的に大滝村と同様、標高の高い山間地域といえる。上阿久原地域においても、高齢化率は45.4％で限界集落に近づいている。しかし、限界集落となっている地域や限界集落に近い地域に

第5章　埼玉県における過疎指定地域について

おいても共助体制が生きている限り、災害時の対応が地元建設業者に依存しなくても可能になっている。

　各地区における「共助体制」では、各々の地区ではどのような共助体制が日頃からつくられているのだろうか。

　神泉地区では、道に穴があいてしまったなどの通常の対応は近隣の人々が行なう。この3地域に共通して行なわれることは、「道普請」という地域行事である。年に一度各地域の区長が先頭に立ち、地域の人々を集めて、道路脇の草刈りや道路陥没等の地域インフラの大規模なメンテナンスを行なう行事である。ただ、3地域同時に行なわれるということではなく、地域ごとに日を設定して行なわれる。

　矢納地区であれば、秋口ごろに地域住民130名にて、道普請が行なわれるという。矢納地区は、限界集落化しており、65歳以上の高齢者が多い地区であるが、若手と高齢者の役割分担が定まっており、その役割において道普請が行なわれる。また、道路陥没を埋めるために使用する材料や足らない資材は支所から支給されることもある。

　下阿久原地域であれば、支所からの支給材を必要とせず、自分たちで材料を集め、道普請を行なう。下阿久原地区の下に小字があり、小字を取りまとめているのは班長の者である。

　この小字は13小字あり、1小字当たりの世帯は、15世帯から30世帯である。1世帯は2名程度である。道普請の際は、13小字すべてから人を出しあい、約300名の人が参加する。

　上阿久原地区では、10月に300名ほど集めて道普請が行なわれる。上阿久原地区では、重機類を使うことはなく、ほとんどが手作業を中心に行なわれる。上阿久原地区は神泉総合支所に近い、比較的整備された地区であることから地域状況がよく、インフラ補修は道路舗装等の専門性が高くなることから建設業者の手に委ねられる。

　筆者が取材を行なった地区の区長が共通していうことは、地区の横の繋がりは強く、災害時は地区と支所職員との連携によって乗り越えてきたという。したがって、災害や地域のインフラ整備に関して建設業の必要性を感じたこ

169

とはあまりないという。

　ただ、最近は戸数自体の減少はあまりないが、住民の高齢化が進み、いつまで道普請ができるかわからない状況であるという。かつて神泉村は、間伐材の伐採に伴う炭焼きやコンニャク芋の栽培などを中心とした産業で生計を立てていた。しかし、山を中心とした産業の衰退によって若者が本庄市や藤岡市へ流出した。

　旧神泉村の3地区における道普請の状況をみると、地域コミュニティが生きている限りは、地元建設業者に対して災害の対応や地域のインフラを自分たちで守ることができるということを示している。つまりは大滝村のように集落が点在し、横のつながりが希薄になりやすい地域であるならば、当然に地元建設業者や地元自治体の助けがないと、地域の回復は望めない。しかし、地域による共助が生き残っている地域ならば、2011年の東日本大震災や2015年に起きた茨城県南部の常総市を中心とする鬼怒川などの氾濫による洪水被害など、100年に一度あるかないかの大災害でない限り、自地域での共助でカバーできる範囲が広いということである。

　しかし、旧神泉村における3地域も高齢化が進むことにより、地域による共助体制が崩れ、地元建設業者や自治体に災害やインフラ整備を頼らざるを得ない状況になることは想像に難くない。

（4）小　括

　旧神泉村は他の埼玉県における過疎地域と違い、地域コミュニティが生きており、地域住民のなかで、共助がなされている。つまりは、自分たちの地域は自分たちで守ることが確立されている。このことから、他の地域でみられる、地元建設業者による排他的受注圏やその解体に付随する地元建設業者の受注の減少による災害対応の弱体化問題としては顕在化していなかった。

　旧神泉村の事例からいえることは、長年にわたり、自地域は地域住民による共生・共助体制のおかげで建設業者に頼ることのない地域をつくり上げてきたということである。

第5章　埼玉県における過疎指定地域について

　他地域においては、地元建設業者を残すために、分離・分割発注が行なわれている。また、少ない予算のなかで事業を発注する努力が行なわれている。これは、地域住民の目線からみると、地元建設業者を残すためにコストを負担しているともいえる。

　しかし、神泉村では地域を地域コミュニティによって守ることによって、建設業者へのコストを節約し建設コストは効率的に消化できている。ただし、高齢化によって地域コミュニティが崩れてしまうと、地元建設業者や自治体の手助けが必要となってくるであろう。

6．埼玉県内過疎指定町村地域における実証研究のまとめ

（1）実態調査を行なった4地区の人口および建設業の変化

　本節では埼玉県の過疎指定4地区それぞれの特徴を整理し、さらに第4章で考察したA県C地区と対照させることで、埼玉県4地区の特徴を浮かび上がらせたい。そこで、埼玉県の4地区とA県C地区の人口および建設業の変化を一括して表に示す（表5－26　次頁）。

　東秩父村は合併に至らなかったものの、他の3村は平成の大合併で合併し、そのなかでも秩父市は4つの自治体が合併し最も大規模な合併となった。両神村と神泉村はともに隣接する自治体との2自治体による合併であったが、両者とも過疎山村であるため、事実上は隣接する自治体による吸収合併となり、合併自治体の本庁舎は規模の大きい地区に設置された。合併後の過疎指定地区の合併自治体で当該地区から選出される議員も大幅に減少し、合併自治体内での地元地域の利害を代弁する政治力も著しく弱体化した。

　5地区ともに人口が減少し、高齢化が進んでいる地域である点は共通している。1990年から2010年までの20年間で、大滝地区では人口が53％減少し、5地区のなかで最も人口減少が著しい。他の地区の人口減少率は、18％～25％の幅に収まっている。大滝地区の高齢化率は53％で最も高い。それ以外の

171

表 5 −26：埼玉県過疎山村およびＡ県Ｃ村に

合併前の地区名	人口				町村合併年	合併自治体数	本庁舎が所在する旧自治体	当該地区に配分された公共工事額の変化		
	1990年	2010年	減少率	2010年度高齢化率				2001年度（万円）	2014年度（万円）	減少率
埼玉県大滝村	2,368	1,013	57%	53%	2005	4	秩父市	18,413	15,045	18%
埼玉県両神村	3,280	2,671	19%	31%	2005	2	小鹿野町	15,377	6,105	60%
埼玉県東秩父村	4,490	3,348	25%	33%	—	—	—	24,478	3,292	87%
埼玉県神泉村	1,375	1,121	18%	37%	2006	2	神川町	13,710	291	98%
Ａ県Ｃ村	2,537	1,944	23%	38%	2004	7	ａ町	44,296	8,729	80%

災害応急対応力における記号の意味は、「○…現状維持」、「△…多少の弱体化が見られる」、「×
出典：国勢調査、市町村決算カード、現地取材データより筆者作成

　4地区の高齢化率は、神泉地区37%、東秩父村33%、両神地区31%、Ｃ地区38%となっており、いずれも30%台である。

　過疎指定された山村経済において公共投資による建設業の果たす役割の重要性が1990年前半頃まで指摘されてきたが、建設従業者数の全産業に占める割合を比較すると、建設業への依存率が高かったのは大滝地区で、20年間で18%から14%へと低下している。他の山村地区での建設産業の比重は7%～10%程度に低下している。

　建設業者数はそれほど減少していないが、多くの地元建設業の受注額が大幅に低下しているので、従業員数も減少している。

①大滝村

　秩父市による各地区に配分される合併自治体からの公共投資も、減少して

第5章　埼玉県における過疎指定地域について

おける合併に伴う人口および建設業の変化

建設業従事者数					建設業者数		排他的受注圏の有無		災害応急対応力	採用されている入札方式
1990年		2010年		減少率	1990年	2010年	合併前	合併後		
従事者数	全産業に占める割合	従事者数	全産業に占める割合							
173	18%	51	14%	71%	5社	5社	有	無	×	1,000万円未満について指名競争入札制度採用
200	12%	123	10%	39%	7社	6社	有	無	△	指名競争入札制度
225	10%	121	8%	46%	3社	3社	有	―	△	指名競争入札制度
53	8%	36	7%	32%	1社	1社	無	無	○	指名競争入札制度
177	13%	88	10%	50%	4社	3社	有	有	△	5,000万円未満について指名競争入札制度採用

…弱体化している」を意味している。

いる。

　大滝地区では、2001年度と2014年度の地域に配分された土木費を比較すると18％の減少となっている。合併自治体の公共投資の配分は土木費だけに限定されているわけではないので、地元建設業者が受注できる公共投資の配分はこの数字以上に減少している。実際、合併債で秩父市は市役所の新庁舎を建設したため、新庁舎の建設費を勘案すれば、合併自治体の中核地区と周辺地区との比較では、圧倒的に庁舎のおかれた中核地区に手厚く公共投資が配分されていることになる。

　大滝地区での建設業従事者は20年間で減少率が71％と大きく減少し、地元建設業者が受注する工事量は減少するという苦しい状況に立たされている。旧大滝村地区の地元建設業者がこのような状況になった原因の一つには、町村合併により市内有力地元建設業者の秩父市内全域への受注機会の拡大と、

表5－27：秩父市における一般競争制度の変遷

2007年度	予定価格5,000万円以上→原則一般競争入札
	予定価格1,000万円以上5,000万円未満→発注予定件数の40％以上実施
2008年度	予定価格5,000万円以上→原則一般競争入札
	予定価格1,000万円以上5,000万円未満→発注予定件数の2/3以上実施
2009年度	予定価格5,000万円以上→原則一般競争入札
	予定価格5,000万円未満→地元業者を最優先にした指名競争入札
2010年度	2009年度と同様とする。
2011年度	設計額1,000万円以上の工事および市内業者で対応が困難な特殊工事→原則一般競争入札

出典：秩父市提供資料

競争を助長する秩父市の入札制度改革があげられる。競争を助長した秩父市による入札制度改革の概要を表5－27に示す。

　秩父市における入札制度は、年を追うごとに、競争が激化する方向へ向かっている。2009年度においては、予定価格5,000万円未満の工事が指名競争入札制度の適用範囲だったのに対し、2011年度以降では1,000万円未満の工事でなければ指名競争入札制度が適用されず、一般競争入札制度の適用が拡大された。つまりは、指名競争入札制度という限られた地域内での受注競争から、一般競争入札の対象事情が拡大し、全市にまたがり競争が激化した。

　これにより、拡大した合併自治体の枠で指名競争入札制度が適用され、大滝村のような旧自治体のなかで仕事を受注していた地元建設業者は合併後、企業活動の領域を市内全域に広げた旧秩父市内の有力地元建設業者との一般競争入札制度による価格競争が始まったのである。

　一般競争入札制度や総合評価方式などの入札方式では、技術力および企業規模が大きい企業ほど落札できる可能性が高くなる。これまで、旧自治体の指名競争入札制度の下で談合による調整メカニズムが働いた結果としての排他的受注圏を形成・維持することができていたが、その地元建設業のほとんどは規模が小さく、他地域に進出できる企業体力がないものが多い。他に進出できる企業体力がある建設業者もあるが、秩父市の工事に応札しても入札

できない状況が出ている。旧秩父市内の有力な地元建設業者に旧大滝村地域の公共工事の受注を奪われ、旧大滝村地域に所在する地元建設業者の衰退を招いた。

大滝地区の事例では、合併自治体内で中核地区への傾斜的な配分が行なわれているが、表5-26のように、合併後、大滝地区への公共投資の減少率は他の比較した3箇所より低い。面積が広く人口密度が低い地域では行政経費がかさむことが指摘されており（吉田, 2003）、旧大滝村地区も同様の状況となっている。山間部の旧大滝村地区は町村合併の目的の一つである行財政の効率化が達成されづらい地域であり、町村合併による期待された経済効果である「規模の経済」がこの点に関しては十分に働いていない。

②両神村

両神村の地元建設業者が衰退する原因となったのは、合併自治体である小鹿野町が公共投資を縮減したことばかりでなく、合併自治体内における中心地への傾斜的な公共投資配分を起因としている。換言すれば、旧両神村地区への相対的な公共投資の減少が引き起こされた。その背景には旧村役場が、合併後は支所となり、町長や議員などを地元から選出することが難しくなった合併自治体内での弱体化された地域の政治力に対して、合併自治体内での政治力が中心自治体に有利に働くメカニズムが作用しているのであろう。そのうえ、合併自治体全域が公共事業の指名入札の対象に広げられたことから、旧小鹿野町地区業者が旧両神村地区で実施される土木工事を受注することが増えた。それにより、かつての両神村時代の指名入札制度の下で可能であった地元業者に限定された排他的受注圏は崩壊した。

現在では旧小鹿野地区業者が両神地区の公共工事を受注し、A社は他地区への進出を余儀なくされている状況であった。

小鹿野町と合併した両神村では合併後、市町村合併の先行研究で指摘されている負の面が大きく出ている。すなわち、合併自治体内の公共投資は中心地へ傾斜的に配分されることにより（森川, 2008）、中心地から外れた縁辺部に位置する仕事量が減少した建設事業者が転出する可能性が指摘されている

（畠山, 2013）。両神地区のＡ社は、自社が立地している地区の公共事業が受注できなくなり、他地区での工事受注に自社存続をかけている。

また、災害時においては、これまで旧両神村地区では、Ａ社が軸となり災害対応等を行なってきた。これまで、両神地区において軸となるようなＡ社が受注機会を他地区に求める必要性が出てきて重機や建設業従事者を他地区に移転してしまうと、当然のことながら両神地区の災害応急対応力が弱体化する。

③東秩父村

次に、市町村合併しなかった東秩父村の事例では、村内の公共投資は村内業者３社で分け合っており、地元建設業者による排他的受注圏が生きており、地元自治体と地元建設業者が結びつく姿がみられた。しかし、村の公共投資は年々縮小傾向にあることから、地元建設業者の存続も危ぶまれている。

東秩父村は、合併を選択した他地区のように、合併自治体内の中心地の有力な地元建設業者との競合もないことから、競争激化の波にのまれ衰退していくという可能性は少ない。地域における災害応急対応力も企業経営の面から危ぶまれる可能性もあるが、他地区よりは相対的に存続する可能性が高い。

④神泉村

神泉村の事例は、合併を選択したが、これまでの公共事業の受注者は群馬県所在の業者や本庄市等の埼玉県内他地区業者が主力となって受注していた経緯がある地域であった。地元建設業者は１社しかなく、その１社も村の公共事業を主として行なっているが、神泉村にとっては排他的受注圏を形成するほどの結びつきはなかった。このことから神泉村時代から、災害応急対応は、地元建設業者と村職員および地域住民による村全体で長年培われてきた共助体制をもとに取り組んでいた。

神川町と合併し、神泉村への公共投資は減少している状況であるが、地元建設業者は神川町の入札等に参加しており他の調査箇所と比較して大きな変化はない。また、災害応急対応については合併後も地区ごとの区長が先頭に

第5章　埼玉県における過疎指定地域について

立ち、共助体制が維持されている状況である。ただし、これも高齢化の影響で今後どの程度まで維持できるのかが課題となっている。

　以上のように、埼玉県の公共投資と地元建設業者の関係からみた過疎指定地域の状況をまとめると、町村合併を行なった過疎山村は町村合併の弊害が大きく出ている。つまりは、町村合併において人口規模や財政規模が大きく合併の中核となった自治体に合併後の中央庁舎もそこに設置され、政治的にも行政的にも主導権を握り、合併自治体内での公共投資の地域的配分が、中心地に有利に傾斜的に配分される傾向がある。一方、縁辺に位置する地元建設業者は公共事業の受注機会が減少し、経営的にも疲弊する速度が加速度的に速まる。

　過疎指定された山村地区において、地元建設業者の地元での公共工事の受注が減少することは、その業者の存続基盤を危うくさせるものであり、ひいては地元建設業者に頼る災害応急対応力の低下も免れ得ない。拡大された合併自治体内での公共投資の地域的配分は、政治的なメカニズムからしても人口集中地区が優先されがちである。人口密度が低く高齢化率が高く自然災害にも脆い山間部は、財政的な支援のニーズが高いはずなのに、当該地区への予算配分は減少しており、さらに他地区の業者との競争が地元建設業者を圧迫している。

（2）Ａ県Ｃ村における地元建設業の受注圏と埼玉県過疎指定4地区との比較

　本項では、埼玉県の過疎指定4地区と、第4章において考察を行なったＡ県Ｃ村との対照を行なうことによって、Ａ県Ｃ地区の公共事業に係る地域的特徴を示し、Ａ県Ｃ村と埼玉県過疎指定4地域との差異を分析する。

　Ａ県Ｃ村は近隣7箇所町村と合併を行ない、ａ町を中心としたＢ市を構成するＣ地区となった。合併後の本庁舎は中心地であるａ地区におかれ、Ｃ地区は中心地から19㎞程度離れている縁辺地域となった。Ｃ村は、埼玉県の4地区と同様に人口が減少し、高齢化が進む地域である。1990年から2010年ま

での20年間で、人口が23％減少し、高齢化率は23％となっている。埼玉県の4地区と比較すると、大滝村を除く他地域と同様の数値である。

　C村における建設従業者数の全産業に占める割合を比較すると、建設業への依存率は1990年において13％であり、20年間で10％へと低下しており、建設産業への比重は3％程度低下している。建設業者は、1990年では4社であったが、2010年には3社となり、建設業の従事者も約50％に減少している。建設業に関わる項目においても、埼玉県の過疎山村と比較して大きな差異はないといえる。

　C村の事例では、公共投資はB市の中心地への傾斜的な配分が行なわれており、C村に対する公共投資は年々減少している。合併前の2001年度と比較すると80％の減少となっている。この状況から、C村に所在する地元建設業者の経営状態は非常に苦しいものとなっている。しかし、村内に所在する3事業者ともに村内自社の存続をかけて他地域に移転を考えるようなことはないという。理由として、B市では排他的受注圏が存続していることと、自社に移転できるほどの企業体力がないためである。

　合併後もB市では、排他的受注圏による調整メカニズムが機能している。つまりは、指名競争入札制度での地方自治体と地元建設業者による調整と地元建設業者間同士による受注調整が行なわれている。B市の事例では、地元建設業者同士の調整に加え、地元建設業組合によるB市全体の調整が入るのである。

　受注に関し調整を行なっているB市建設業組合の理事長は、「災害対応や地域維持の観点から建設業事業者を減少させるわけにはいかないので、合併後も旧町村単位での受注調整を行なっている」[16]という。この調整により、C地区の災害応急対応力は、地元建設業者の企業活動の弱体化から多少の陰りがみえるが、災害に際し概ね対応できるといえる。

　B市は一般競争入札制度を導入しているが、指名競争入札制度も併用して採用されており、適用金額は5,000万円未満である（表5－26）。秩父市との比較において、4,000万円の適用範囲の差は、中小零細企業群からなる地元建設業者にとって受注機会という観点からみると大きなものといえる。B市

建設事業担当者のコメントにおいても地元建設業者に対する地域維持の期待は大きい。この地元建設業者への期待と地元建設業者維持の観点からＢ市の入札制度は秩父市と比較して競争性が緩いと推察される。

　Ｂ市担当者と地元建設業組合のコメントとＢ市入札制度を考察すると、Ｂ市では地域維持および防災に対する必要性の意識が強いことから、市と取りまとめる地元建設業組合および地元建設業者の結びつきが強固であり、結果、旧自治体単位での排他的受注圏が維持できたと考察される。

　秩父市は入札制度の競争性を高めた結果、地方自治体と地元建設業者、地元建設業者間の調整が消滅したが、Ｂ市においては、公共事業発注に際し競争性が強化される制度が導入される以前の、地方自治体と地元建設業者による地域維持の結びつきが残存していることが推察される。

【注】

1　紹介する例は一例であり、その他さまざまなところで加算される。詳しくは埼玉県Webページを参照。http://www.pref.saitama.lg.jp/a0212/pref-nyushin/documents/2728kakuduke-youryou.pdf（2016-9-16参照）

2　１級相当技術者とは、国土交通省令で定めた技術検定において、１級の技術検定に合格した技術者や一定以上の実務を重ねた技術者のことである。例として、土木技術検定（１級及び２級）がある。

3　地方税、普通交付税のように使途が特定されておらず、毎年度経常的に収入される一般財源（経常一般財源）のうち、人件費、扶助費、公債費のように毎年度経常的に支出される経費（経常的経費）に充当されたものが占める割合。総務省HP, http://www.soumu.go.jp/main_content/000264701.pdf（2016-9-24閲覧）

4　一般的には80％を超えていると弾力性を欠いていると判断される（2012, 総務省）。

5　旧大滝村職員より聞き取りを行なった。大滝村時代の発注記録は現存していないとのことから、聞き取り調査に基づいて考察する。

6　Ｂ社より2015年６月25日筆者聞き取り。

7　代表的な土木工事積算ソフトの価格は、導入価格が約100万円程度であり、年間メンテナンスを料金として50万円程度かかる。

8　A社より2016年3月10日筆者聞き取り。

9　2010年度国勢調査値。

10　組合の構成自治体は、東松山市、滑川町、嵐山町、小川町、川島町、吉見町、ときがわ町、東秩父村の1市6町1村で構成されている。

11　筆者の取材による村長のコメントは、「村が存続している限り、地方交付税や過疎債で村を維持していくほかない。またできる範囲でやることから合併をする必要性は感じていない」であった。

12　過疎地域指定を受けることにより過疎債を使用できるようになった。過疎債については、第1節を参照（筆者聞き取り調査）。

13　社会資本整備総合交付金とは、国土交通省所管の地方自治体向けの補助金である。充当できる事業として、道路等のインフラ整備やハザードマップ作成、防犯灯等の設置など、ハード面における自治体の街づくりに関する総合政策に対する補助を行なうものである。国土交通省HP, http://www.mlit.go.jp/common/001126757.pdf（2016-9-10閲覧）

14　橋梁上部工は専門性の高い工事となる。地元地方自治体の工事において、地元建設業者が受注する例は少ない。

15　B社より2015年2月25日筆者聞き取り。

16　筆者による理事長へのヒアリングによる。

第6章　地域建設業の災害応急対策力に関する考察
——2014年2月秩父地方大雪災害のケーススタディ

　本章では、2014年2月14日に起こった秩父地方の大雪災害を題材に、秩父市大滝地区で地元建設業者による災害対応について述べる。これまでの考察において、排他的受注圏が崩れ地方自治体と地元建設業者の連携が希薄となり、地元建設業者の経営が成り立たなくなっていることが考察された。また、東秩父村は市町村合併を選択しなかったことで、排他的受注圏は生きているが、地元建設業者の経営を継続させるほどの仕事量を当該自治体が提供できない現状であることも観察された。

　前章でみたように神泉村のように共助体制が確立されていない過疎地域においては、地元建設業者による災害対応は欠かせないものである。そのことから、本章の目的は、建設業者が緊急時に対応する災害支援の役割について光をあて、人口減少および高齢化の著しい過疎の山村地域、しかも「平成の大合併」で周辺自治体と合併し、共同体としての自治能力も弱体化し、より地域社会の衰退が著しい秩父市大滝地区を事例として、今回の大雪対応との関係で地元建設業者の災害応急対策力の実態とその問題点を考察する。

はじめに

　2014年2月14日から15日かけての降雪は、関東甲信越地方に大きな被害をもたらした。被害状況は、全国集計において死者20名、重軽傷者を含む負傷者は412名であった[1]。また、雪による道路通行止めによる孤立集落が発生し、その被害は埼玉県秩父市大滝地区に集中した。山間地の秩父市大滝地区の中津川、大血川、三峰などでは大量の降雪によって道路が寸断され孤立集落と

なった。

　秩父地域では積雪98cmを記録し、「降雪深[2]」は、1953年以来の観測史上過去最高を記録した。想定外の大雪により秩父市の市街地においても道路の除雪作業が難航し、市街地の除雪作業に2週間も要する混乱を招いた。秩父市の奥地の山間地では、積雪が1.5mから2mにも達し、孤立集落が生じた。地元の建設業者が災害対応の地区割当を受けているが、地元の建設業者だけでは限界があり、救援には県防災ヘリコプターばかりでなく、自衛隊や埼玉県警察本部の救援活動やヘリコプターによる水、食糧、灯油等の搬送、新潟県からの派遣企業による道路の除雪の協力など他からの支援を得た。しかし、孤立集落が解消されるまでに2週間を要した。

　記録的大雪という自然災害の陰で、地元建設業者は不眠不休で災害対応に当たり、地域維持に貢献した。1990年代以降の公共事業をめぐるマスコミの論調として、地域の建設業者は公共事業を受注するという営利企業の側面だけを強調しがちであるが、地域の災害支援を行う公的な役割を担っている建設業者のこうした側面は、ほとんど紹介もされず認知もされていない。

　地元建設業者は、災害時における道路、河川等の維持管理および緊急対応という役割を担っている。地元建設業者による災害応急対策活動は、日常生産活動に従事する人員や、これまでの地域に根ざした重機類を使用した工事経験を活用して行なわれている。その活動は、建設業界による社会貢献活動とされている部分が見受けられ、収益性が低く自治体からの要請であっても、無償のボランティア活動として実施されている部分も多い（丸谷・比江島・河野, 2010）。初期対応において動員される人員、重機類の維持管理は、各企業努力に委ねられ、無償に近い建設業界の貢献活動の原資は、地方自治体から継続的に受注する公共事業である（森本・滑川・八田, 2009）。

　つまりは、地元建設業者は地方自治体から公共事業を受注することにより、地域への無償または収益性の低いインフラの維持管理および災害応急対応[3]ができるシステムが地域に構築されているといえる。

　災害応急対策力は、地元建設業者の企業努力に依存する部分が大きい。しかし、公共事業の減少は民間投資が少なく、結果として公共事業依存の強い

地元建設業者の自社の持続可能性に多大なる影響を与えている（森本・滑川・八田, 2009）。また、前章で述べたように市町村合併による自社基盤の瓦解の一因となる事象は、地元建設業者の存続を揺るがす出来事である。これらの事象から、保有重機の削減、従業員の雇用減少というような企業経営の悪化から地元建設業者は、災害時の初期対応を放棄せざる得ない状況にあるといえる。

1．山村における地域建設業の受注圏と災害対応

（1）災害応急対策力に対する地元建設業者の役割と地域住民の役割

　自治体は、災害時の緊急対応を地元建設業者に地区別に割り当てている。重機を所有している建設業者が、大雪、豪雨、地震、山崩れなどのさまざまな自然災害の際には、緊急に出動することが各自治体と取り決められている。緊急時には地元の地形を熟知している地元建設業者のほうが、遠距離から出動する他地区の建設業者よりも迅速かつ安全で望ましい。通常、地元建設業者は地元の自治体から災害対応の地区割りだけでなく、公共事業も受注しており、同一建設業者がかつて受注した工事現場と、災害時の割り当て箇所が一致していれば、より緊急時の作業はスムーズであろう。

　災害応急対応は緊急性を要するものであり、建設業者が通常の業務で使う重機と人員を転用して対応する。その重機と人員は、建設業者の分布に地域的な偏りがある場合には、災害応急対策力に地域的な差が生じ、建設業者が立地していない地区では、建設業者が立地している地区に比べて、地域の災害応急対策力は弱い。地域の災害応急対策力を維持するために、地元建設業者は必須な存在であり、特に地域にどれだけの重機の数と操作できる人員数が存在するのかが災害応急対策力を決定する（田中・加知・塚原, 2013）。

　災害時においては、重機の数と重機を操作できる人員は日常業務の延長線上での転用となることから、地方自治体からの災害時の費用負担は通常工事、

もしくは災害協定で決められた単価での積算が基礎となる。そのため、地元建設業者としては採算に見合わない。このことから、災害応急対応は、建設業界による地域貢献の柱の一つとなっている（丸谷・比江島・河野, 2010）。

災害応急対策力は、地域間の連携と住民同士のボランティア、つまり共助[4]も重要な要因である。地元建設業者が地域に到達するまでの間、住民同士での共助が働けば災害に際し、被害が少なくなる可能性がある。1995年の阪神・淡路大震災においては、倒壊した家屋等から救出された人のうち約8割の人が家族や近隣住民によって救出されたといわれ、2007年に起きた新潟県中越沖地震においては、町内会など自主防災組織による高齢者等の避難支援などが迅速かつ効果的に行なわれた例が報告されている。

つまり、地域の災害応急対策力とは、地域建設業の災害応急活動と地域住民による共助によって成り立っているといえる（内閣府, 2014）。

（2）1990年代までの山村の建設業とその受注圏

公共投資は高度経済成長期には都市部に集中的に投入されてきたが、1970年代後半には公共事業は都市部から農村部にシフトし、それに伴い建設業者も全国各地に分散的に立地展開した。この建設業の分散立地化は農村部、特に中山間地域の経済に多大なる恩恵をもたらし、中高年層住民の定住化を促した（岡橋, 2004）。山間の過疎地域において公共投資を配分することは、農閑期に雇用を創出し、地域の人々の生活を保障する社会政策的な意味合いもあったのである（安東, 1991；岡橋, 2004；梶田, 1998；伍賀, 1989；沼尾, 2002）。

地元建設業は公共投資を地域経済に還流する役目も担ってきた。特に、中山間地域に立地する零細な地元建設業は、地元の市町村からの公共事業を多く受注し、地域内での工事を行なってきた。

地方圏に重点的に配分された公共事業は、地元建設業者の成長と建設業による雇用が促される関係にあった。一歩踏み込んで、梶田（1998）は建設業者間の業界慣行や受発注に関わる入札制度の実態を解明した。地元建設業者は本社所在の自治体を基本的な受注圏とし、地方自治体による指名競争入札

第6章　地域建設業の災害応急対策力に関する考察

等の発注制度のもとで、地元建設業者は保護され、公共事業が多い時代には、安定的な公共事業の受注圏、つまり、他自治体の建設業者が新規参入できない排他的受注圏が形成されていた（梶田, 1998）。

（3）2000年代からの山村の建設業とその受注圏の変化

　しかし1990年代末以降、特に2000年代には、山村の公共事業をめぐる状況に建設業にとって打撃となる3つの大きな変化が起こった。一つは、公共事業の削減である。1990年代初にバブル経済が崩壊して以降、景気浮揚策として、しばらくは多額の公共事業費が配分され続けたが、1990年代末には公共事業経費が大幅に削減され、山村経済を支えてきた建設業も受注額が激減し、建設業の経営は大打撃を受け、建設業者の数も減少し始めた。

　二つ目に、第2章にて述べたように、2000年代に入っての、入札制度の改革がある。建設業によるさまざまな談合事件から、世間より大きな批判にさらされ、入札制度改革が行なわれた。具体的には総合評価落札方式、地域要件の緩和（入札参加資格業者の地域的拡大）がなされることにより、地元建設業者が受注できにくくなったことである（清水・藤本, 2009）。

　三つ目に、前章までに述べてきたように2000年代後半になると、「平成の大合併」により多くの過疎の村が合併によって拡大された市域の一部、しかも縁辺部となったことである。中心＝中核となる市との合併により、過疎の旧村地区は政治的な発言権が大幅に弱体化し、公的サービスの低下、公務員などの雇用の減少などを招来し、加速度的に人口減少が進行し衰退する地区となりやすい。また村の建設業者にとっては、その市域拡大に伴い、これまで旧村地区で実施される市の公共事業の入札に、特に取り決めがない限り、これまで参入できなかった他地区の建設業者の参入が可能となったことである。

　これらの変化は、山村の地元建設業者が地方自治体に受注の配分を受ける地方自治体依存型の体質から脱皮し、空間的に受注圏を拡大させる戦略に打って出る積極的な建設業者の出現をもたらしている。これは以前の比較的安

定的な地域的受注圏の枠組みが崩壊しつつあることをも意味する。それゆえ、以前の村単位での排他的受注圏が、町村合併の後も継続するのか、それとも崩れてしまったのか、そしてそのような現象に地域差はあるのかについては、解明しなければならない課題である。

2．大雪時の大滝地区における地元建設業者の災害対応の実態

（1）大雪による大滝地区指定業者の対応

①除雪指定業者の割当地区と初期対応

　2014年2月14日の大雪により大滝地区では、国・県道、市道ともに全面通行止めが発生した。栃本、大血川、中津川地区において孤立集落188世帯、336人に及んだ。大雪による路上やトンネル内での自動車の立ち往生が6件発生した。滝沢ダムのすぐ下流に架かるループ橋では走行中の観光バス、トラック、自家用車などが立ち往生した。

　盆地である秩父市内の市街地でも大雪で大混乱したが、山間部の大滝地区の場合、積雪が多く、山間部では雪崩も多発し、除雪作業は難航した。

　秩父市では、路線ごとに除雪対応の業者が決まっている。降雪の際、地域にある地元建設業者が受け持ちの路線を除雪する随意契約を結んでいる。表6−1に示したように、秩父市から委託された大滝地区における除雪業者は5社である。うち2社は以前大滝村に本社が立地していたため大滝地区の災害指定業者となっているが、1社は秩父市内（旧秩父市）、別の1社は荒川地区（旧荒川村）に移転しており大滝地区外に本社がある。つまり2014年に大滝地区に本社が立地している除雪業者は、3社のみであった。

　5社の除雪業者のうち4社の建設会社は、県ランクでAクラスの業者であり、1社がBランクである。5社の建設会社の職員数も10人から32人までの規模で、営業年数も45年から64年に至っている。

　大滝地区における除雪は県と市によって発注され、国・県道は県発注、市

第 6 章　地域建設業の災害応急対策力に関する考察

表 6 - 1 : 大滝地区における除雪業者一覧

業社名	資本金	平均完工高	職員数	県ランク	営業年数	所在地
A 社	2,000	28,379	10	A	64年	秩父市 荒川上田野
B 社	3,000	22,316	11	A	45年	秩父市大滝
C 社	1,000	4,329	10	B	55年	秩父市大滝
D 社	3,000	35,313	25	A	58年	秩父市大滝
E 社	2,000	52,441	32	A	46年	秩父市 中宮地町

出典：秩父市提供資料、経営事項審査より筆者作成（単位：万円、人）

道は市発注となっている。除雪地区は県、市ともに除雪地区を近づけ、同一業者が県、市の除雪を効率的に作業できるように考慮されているが、大滝地区の広大な山間地域の道路をこれらの 5 社で除雪を担当しなければならなかった。

　除雪作業の県発注分担当地区は図 6 - 1 （次頁）、市発注分担当地区は図 6 - 2 （次頁）および表 6 - 2 （次々頁）に示す。

　たとえば、標高の低い荒川地区からの入口からは荒川地区に本社があるA社、標高の高い奥地は大滝地区に本社があるE社が主として除雪作業を担当する。

　強石・巣場・大血川・大達原・大輪地区を担当するA社は、荒川地区に本社があることから、県より大滝地区へ向かう国道140号[8]を優先して除雪し大滝地区へ向かうように指示があり、除雪を行ないながら大滝地区へ向かった。しかし、除雪作業の困難性から大滝地区には到達できなかった。また、中双里・中津川地区を担当するE社も秩父市内に所在し、A社と同様に国道140号を優先して除雪するように指示があったが、除雪作業の困難性から現地に到達できなかった。

　この域外 2 業者が直ちに大滝地区に向かえなかったため、最終的に域内 3 業者で除雪作業を行なった。しかし、 3 業者とも域内に住んでいる従業員だけでしか対処ができなかった。域内業者のなかでも、比較的大きい業者であ

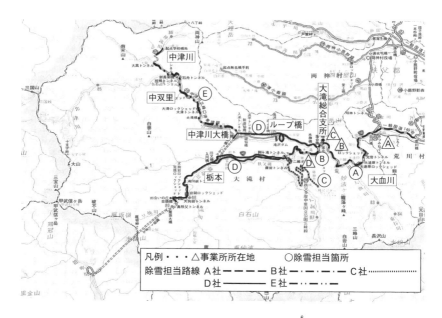

図6－1：埼玉県発注秩父市大滝地区除雪作業地区割図と地元建設業者事業所
出典：埼玉県秩父県土事務所提供資料より筆者作成

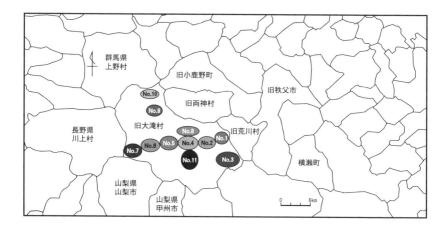

図6－2：秩父市発注大滝地区における除雪作業地区割図
出典：秩父市提供資料より筆者作成

第 6 章　地域建設業の災害応急対策力に関する考察

表6－2：秩父市発注大滝地区除雪担当箇所一覧と地区過疎化率

図No.	町　名	地区名	地域人口	内65歳以上人口	高齢化率	除雪業者	
						域内所在	域外所在
No.1	大　滝	字強石	95	40	42%		A　社
	大　滝	字巣場	72	68	94%		
No.2, 3	大　滝	字大血川	49	26	53%	B　社	A　社
No.2	大　滝	字大達原	16	4	25%	B　社	A　社
	大　滝	字大輪	101	42	42%		
No.4	大　滝	字神岡	75	28	37%	B・C・D社	A社・E社
	大　滝	字落合	98	50	51%		
	大　滝	字三十槌	42	18	43%		
No.4, 8	大　滝	字鶉平	85	35	41%	D　社	
No.5, 8	大　滝	字大久保	33	20	61%	D　社	
No.5	大　滝	字二瀬	20	8	40%	C・D社	
	大　滝	字麻生	37	21	57%		
	大　滝	字寺井	25	16	64%		
No.6	大　滝	字上中尾	23	16	70%	D　社	
No.6, 7	大　滝	字栃本	62	46	74%	D　社	
No.7	大　滝	字川又	16	11	69%	D　社	
No.8	大　滝	字小双六木	49	19	39%	D　社	
No.9	中津川	字中双里	11	8	73%		E　社
No.10	中津川	字中津川	45	23	51%		E　社
No.11	三　峰		59	34	58%	C・D社	
平均高齢化率					54%		

出典：秩父市提供資料、国勢調査より筆者作成

　るD社でも、従業員25名中大滝地区居住者は５人ほどしかいなかった。他の
B社、C社も同様で、大滝地区に居住する従業員は２～３人程度しかいなか
った。
　大雪直後に除雪作業に当たれる各業者の従業員は多くなかった。D社は、
大滝所在の従業員、および待機していた従業員の計５人で除雪対応に当たっ
た。B社は、２人の作業員で除雪に当たり、C社は、４人で除雪に当たった。
当初、このように大滝地区にある除雪業者のみで除雪に当たったが、満足に

189

除雪にできる状態ではなかった。

　大滝地区の除雪業者の従業員は、生活や就業に不便な大滝地区を避け、便利な標高の低い地域に居住していたのである。以前は各業者とも大滝地区の居住者が大半であったが、現在では従業員の居住地は比較的人口の多い秩父市内や荒川地区に居住するものが多い。また、新規従業員を雇用するにしても、大滝地区には高齢者しかいないため、秩父地区か荒川地区の居住者を採用することになる。

②Ｄ社の事例

　地元建設業社のＤ社は大滝村地区に立地し、地元建設業者のなかでは比較的規模が大きいほうで、除雪担当地域は、大滝地区でも奥地を担当している。除雪に向かったＤ社社長自身が深雪、倒木のために閉じ込められることとなった。

　国道140号において２月15日早朝、Ｄ社社長を含めた除雪用重機１台とレッカー車１台、普通車３台が、倒木や深雪に阻まれ立ち往生しているという連絡が秩父県土整備事務所に入った。

　同日、15時頃に、防災ヘリコプターが現場へ到着し、普通車を運転していた女性１人を防災ヘリに収容し、飯能日高消防署へ搬送した。Ｄ社社長は、今後の除雪ができなくなる可能性があることから、ヘリでの搬送を断った。除雪車が前日の昼から除雪を進めており、秩父市街地方面からの除雪車が現場に到達し、17日未明には全員自力で脱出、無事避難完了した。

　その後、Ｄ社社長は、除雪作業に参加し不眠不休での除雪作業を行なったという。地域を知悉している地元建設業者でも被災するようなリスクを抱えながらの除雪作業であった。

③中津川の孤立集落とＥ社の対応

　２月20日の時点で、被害が最も深刻だったのは中津川・中双里の２集落で、37世帯53人が孤立し続けた。中津川・中双里集落へ至る道路はトンネルも多く、積雪と山の斜面からの雪崩も重なり、雪が高さ５ｍにも積み上がってい

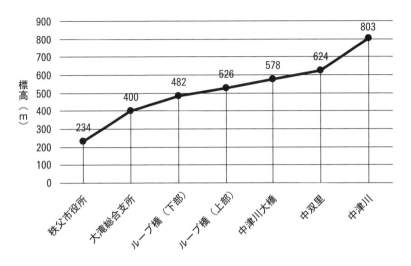

図 6 − 3：中津川地区ルート標高図
出典：国土地理院地図より筆者作成

るところもあった。除雪は大雪により縁石やガードレールが見えない危険な作業であった。

　E社（本社・秩父市）は中津川集落までの県道210号の除雪担当であるが、除雪用パワーショベルなどの重機は秩父市内の本社にあり、大滝地区まで機械を運搬しなければならないことも作業が難航した理由の一つであった。

　E社はもともと中津川上流の標高860mの小倉沢地区で操業しているニッチツ鉱山と関連している建設会社であったが、1970年代以降ニッチツ鉱山が人員削減し、規模を縮小させていったため、E社は大滝村地区から秩父市内へ移転した。このような過去の経緯があるために同社は大滝村地区の災害担当地区を割り当てられているが、標高の低いところから高い山間の地域へ道路を除雪しながら上ることになり、除雪用機械を運搬する作業で手間取ってしまったのである。

　中津川・中双里が孤立集落化した理由の一つには、中津川の谷沿いに歴史的に形成されていた集落が滝沢ダム建設によって水没し、集落間の人的ネットワークが分断されてしまったことも一因となっている。ダムによって旧大

滝村の村役場があった中心部から中津川を上流へ中津川・中双里へ至る区間の一部約5kmにわたってダム湖がつくられた。中津川沿いに旧道があり、集落が点在していたが、ダムによって集落間の人的ネットワークが断絶され、標高の高い地区が陸の孤島化してしまったのである。集落間の人的ネットワークが残っていれば除雪はもっと早く終わっていたかもしれない。

国・県道は整備されてはいるが、市管理の林道や市道は切り立った道が多く、かつ雪に埋もれているため、地元の人でも転落の危険があった。大滝地区では、ガソリンスタンドが1カ所しかなく、重機の燃料確保にも苦労したとのことである。

3. 地域ボランティアおよび他自治体支援による災害対応

大滝地区は、集落間の距離が離れ、地域住民の高齢化率が高いことから共助は期待できない。各地区とも高齢化率は高く、大滝地区平均で50%を超える（表6-2）。過疎化が進む中山間地域において、災害時の共助は、各地域で問題となっている。例として、高知県では、「中山間地域では過疎化や高齢化で自主防災活動の担い手が不足している」（内閣府, 2009資料10, p.1）という。

大滝地区での孤立集落である大血川地区・栃本地区・中津川地区ともに、高齢化率が50%を超える。奥地に所在し地域間の連携が取りづらく、高齢化率が高い大血川地区・栃本地区・中津川地区では、共助体制をとることが非常に難しいということも、孤立した原因の一因であったと考えられる。

（1）2014年2月18日からの自衛隊や新潟県からの支援

2014年2月14日から17日までの間、秩父市の指定業者が除雪に当たり、域内の市道の約50%の路線で1車線分の除雪が完了したが、2月18日より「群馬県、埼玉県、新潟県の災害時相互応援及び防災協力に関する協定」に基づき、新潟県が市内業者とともに除雪に当たった。また、自衛隊からも救援物

第6章　地域建設業の災害応急対策力に関する考察

資の支援を受けた。

　新潟県による大滝地区除雪支援は、大滝総合支所から始められ、2班態勢で行なわれた。それぞれが、孤立集落のある中津川、栃本に向かい除雪が行なわれた（図6-1）。孤立解消に向け除雪している間の支援として、自衛隊による孤立地域への物資輸送が行なわれ、約1トンの物資が搬入された。大滝地区は、山林に囲われた土地であり、標高も高く、孤立地域に向かうほど標高が高くなり（図6-3）、道路幅員も狭くなる。また、当該地域は他地域と比較して降雪量も多く、5m以上の積雪も見られた。このように、平地での除雪と比較して困難な地域であるといえる。

　場所によっては、車がすれ違えない箇所もあり、慎重に除雪を行なわないと除雪車が転落する危険性もある。除雪作業に欠かせないスノーポールが路側帯に設置されておらず、道路線形も不明であり、しかも支障物の位置も不明のなかでの除雪であり、確認のためにたびたび作業が中断したと支援にあたった新潟県職員は述べている。

　速やかに除雪を行なうには道路線形、地形を熟知していないと危険であり、このような緊急時の災害対応は地域を知悉している地元建設業者の果たす役割は大きいものと考えられる。

　これらの支援、地元建設業者の活動によって大滝地区の孤立集落は、2月27日に解消し地区としての機能を取り戻した。

4．大滝地区における除雪体制の課題

（1）地域内における人員と重機の確保と行政の課題

　今回の事例では、大滝地区の受持ち業者は5社である。うち域内業者は3社であり、域外業者は2社であった。降雪量が多く、域外業者は、持ち場である大滝地区へ到達することができなかった。かつ域外業者は他地区の除雪も受け持っていた。

ダムの完成により、大滝地区での公共事業が大幅に減少し、建設業者は商圏を他地区に積極的に拡大せざるをえない状況があった。そのような状態を反映して、建設業者の保有する重機台数も従業員数も減少していた。大滝地区にあるＤ社では、重機保有台数は2000年度に25台あったが、2015年には13台に減少している。従業員数は、2000年度には48人（うち大滝地区居住者は21人）であったが、2015年度には25人（うち大滝地区居住者は7人）と減少している。

　最近では重機を自社保有せず、必要な時にリースするケースも増えている。公共事業減少に伴う地元建設業者の経営規模の縮小から、法定点検や整備費等の固定経費がかかる自社機械を所持する費用が負担できなくなっている現状がある。リース機械であるならば、現場に応じて、必要最低限の重機をリースできれば、通年自社機械を所持しているより、経費負担が軽いからである。リース機械の増加等の要因から大滝地区において除雪に対応する重機およびそれを操作できる人員が大幅に減少していた。

　自社所有の機械ならば、緊急時における対応は、稼働させる人員を確保できれば問題なく対応できるが、重機をリースする形態であるならば、各地元建設業者による災害時のリース需要が増加する。そのため、リース会社の重機が不足に陥り、結果として重機をリースできない可能性も起き、災害時の対応に遅れが出ることも予想される。

　大雪などの災害に対応するためには、特に重機の数と操作できる人員数が地域的に偏りなく配置されていることが肝要であるが（田中・加知・塚原, 2013）、大滝地区では地域の建設業者が減少し、重機も人員も減少していたのである。100年に一度といわれる想定外の大雪であったため除雪に混乱が生ずるのは当然であったが、ダム建設中の2000年頃と比べて、最近の地域の建設業者による災害応急対策力が大幅に減退していたことも除雪作業が難航した原因の一つであった。

　中津川、中双里、栃本、大血川、三峰など孤立集落となった地域では、65歳以上の人口割合が50％を超えていた。そのなかには70％を超えている集落もあった（表6−2）。そのような限界集落では、村の共同体機能が低下し

ており、自主的に除雪できる体力のある人員もほとんどいなかった。

市町村合併によって拡大した秩父市は、人口比では2％にも至らない大滝地区において、立ち往生した車両や道路の寸断によって孤立集落となった地区の救援の問題が集中して発生し、避難者の救出・救援を要するところが6カ所にものぼり、それに対応しなければならなかった。合併して面積が拡大した自治体は、標高の高い縁辺部のローカルな地域での緊急対応にどれだけ対応できるのかが課題となろう。

（2）建設業者の公共事業の受注

除雪に関わる、建設業者の受発注体制はどのようなものであったであろうか。

筆者が埼玉県落札情報より大滝地区の公共事業の受注状況を調べたところ、大滝地区除雪業者の受注額が減少していた。大滝地区で実施される公共事業の指名競争と一般入札を合わせた年間工事受注総額は、2012年度8,100万円、2013年度6,400万円、2014年度5,000万円であった。このように大滝地区における公共事業は大幅に減少しており、大滝地区の建設業社が地域の公共事業だけでは経営が困難となり、他地区での受注を増やさざるを得ない状況に追い込まれていることがわかる。さらに合併したことにより、大滝地区の除雪担当建設業者の全5社が、大滝地区の公共事業を落札した比率は、2012年度58％、2013年度29％、2014年度は34％と低下し、他地区の業者が落札する比率が高まっている。

大滝地区の除雪担当建設業者には、大滝地区における工事をほとんど落札できていない業者もいる。たとえば、奥地である栃本、川又地区を担当するD社は市の仕事は受注していない。中津川、中双里地区など除雪を行なうにも、負担が大きい地域を担当し旧秩父市内より向かうE社も2013年度に1件受注したきりである。

このように地域の防災機能を担う建設業者が、防災を担当する地域の公共事業を落札できなくなっており、村時代の排他的受注圏が崩壊している。かつて大滝村時代には、地域の指名業者によって公共事業が落札・受注され、

同時にその指名業者が村の災害対応を割り振られていた。ここに行政と建設業者の間に一種の互恵的な関係が成立していたが、秩父市と合併したことにより、秩父市全域の地元建設業者が公共事業の指定業者となり、市内全域での建設業者間での落札をめぐる競争が激化した。

　災害対応を担う建設業が地域の道路工事や補修を担当し、災害時にはその担当地域で緊急対応するのが望ましいが、自社の工事区域と災害担当区域が、いまや一致しないような状況が生まれている。地域の建設業者は、地域の公共投資に依存できる体制が崩れ、より厳しい競争的環境に投げ込まれている。

5．考察とまとめ

　過疎地域における災害応急対策力とは、地域建設業者が持つ重機の数と重機を操作する人員数に依存する。今回の大雪で、大滝地区における災害応急対策力の弱体化をもたらした要因として、公共事業受注減少に伴う経営状況悪化によって建設業者の重機保有台数も減少しており、大滝地区にあって作業にあたる重機が不足していた。また、建設業者の従業員そのものの減少と、特に大滝地区に在住する従業員が激減し、緊急に地元で除雪できる従業員が不足していたことがあげられる。

　その背景として、公共事業減少と市町村合併を起因として、大滝地区を担当する地元建設業者の公共事業の受注減少に伴い、ボランティアともいえる災害応急対応ができる体力がなくなってきているといえる。また、大滝地区の過疎化により、大滝地区在住の従業員が減少し、他地区からの従業員が増大したことも緊急時の従業員不足の背景としていえるであろう。特に大滝地区は、2000年頃のダム建設で受注が多かった時代には、重機も地元に居住する従業員も豊富であったが、2014年には大幅に減少していた。2000年頃であるならば、自社重機を所持する企業体力もあったが、現在では、自社重機を所持せず、必要なときに重機をリースする形態に変化していることも観察された。

災害応急対策力のもう一つの柱である、地域住民による共助という視点で、大滝地区をみると、地域間にネットワークが取りづらい中山間地域であり、過疎化が進行し限界集落といえる大滝地区において、住民間のボランティアである共助には無理がある。

以上の要因によって地域への無償または収益性の低いインフラの維持管理および災害応急対応ができるシステム、つまりは災害応急対策力の機能が低下しているといえる。

公共事業受注減少に伴い、除雪作業をする地域在住の建設業者も、今後さらに減少する可能性が高く、したがって、地区内にとどまる重機や従業員も減少し、この地域の災害応急対策力はますます衰退していくであろう。しかし、そこに人が住み続ける限り、災害に対する備えは続けなくてはならない。災害応急対応に備える地元建設業者を維持・存続させていくための方策を考えていかなくてはならない。

【注】
1　2014年豪雪非常災害対策本部第2回本部議事録。
2　一定の時間内に地面に降り積もった雪の深さを指す。
3　地方自治体からの費用負担は、災害応急対応後からの負担となる。そのため、災害応急対応前の準備作業としての重機搬入と人員確保、事前待機の費用負担がされないケースが多数を占める（丸谷・比江島・河野, 2010）。
4　地域の連携を「共助」と呼び、災害に際し近隣住民による避難支援等を指す。（平成20年度防災白書、内閣府）。
　　http://www.bousai.go.jp/kaigirep/hakusho/h20/bousai2008/html/honbun/1b_0josho_02.htm（2015-12-25閲覧）
5　2015年現在では、観光業者を含め6社である。
6　図6－1は、大滝地区除雪担当路線を主にして表わしていることから、秩父地区所在のE社所在地は割愛した。
7　秩父市発注分の除雪作業については、国道に付随する生活道路が主な除雪箇所となることから、道路が煩雑になる。そのため、除雪箇所を面で表わした。
8　国道140号の道路管理者は埼玉県となることから、除雪指示等の維持管理は県の担当となる。

9 秩父市長ブログによる。
http://www.city.chichibu.lg.jp/dd.aspx?moduleid=7041&pfromdate=
514530&pfromid=10#moduleid7041 （2015-9-30閲覧）

10 スノーポールとは、積雪の多い地方において、降雪時期に道路の路側に設置し路肩や道路線形を示し積雪事故の防止と安全を図るための視線誘導標のことである。

11 山梨県・埼玉県への除雪支援関東甲信地方の記録的豪雪に対する新潟県の支援（金子, 2015）。

第7章 結 論

1．実態調査のまとめ

(1) 町村合併の有無

　筆者が実態調査を行なったA県のC地区（旧C村）と埼玉県の4つの過疎地域のうち、以前から旧村単位で排他的受注圏が成立していた3つの地域、つまり秩父市大滝地区（旧大滝村）、小鹿野町両神地区（旧両神村）、東秩父村について、町村合併、入札方式、旧村単位での排他的受注圏の残存の有無、災害応急対応力のそれぞれの項目に関して、図7－1にまとめた。

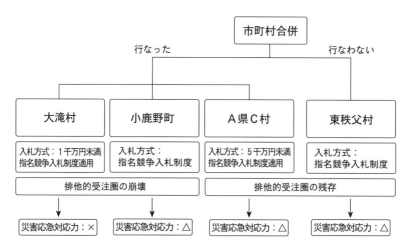

図7－1：市町村合併に伴う埼玉県過疎山村およびA県C村における入札方式と
　　　　地域状況

まず、町村合併に関しては区分すると、従来から地元建設業者によって排他的受注圏が形成されていた4地区のうち、平成の大合併で町村合併を遂げた旧自治体は大滝村、両神村、およびA県C村であった。埼玉県の東秩父村は町村合併を模索したが合併に至らなかった。

（2）排他的受注圏の存続あるいは崩壊への分岐

合併した自治体では指名競争入札制度がかなりの範囲で維持されている場合でも、広域化した自治体の域内の地元建設業者が指名されることになったため、合併自治体内の指名業者数は増加し、そのなかでの競争が激化した。

埼玉県の合併した過疎自治体は、大滝村と両神村であり、A県の合併した過疎自治体であるC村でも同様に、これらの自治機能を喪失した過疎地域では、広域化した自治体のなかで縁辺的な存在となり、公共投資は中心部に傾斜的に配分される傾向が強まった。これは森川（2008）の研究によって実証された傾向と一致する。3地区ともに合併後当該地区への公共投資額は絶対的にも相対的にも縮小したのである。

加えて合併自治体における指名業者数が増加したために、域内での競争が激化し、旧村単位の排他的受注圏が消滅したのは、埼玉県の大滝地区と両神地区である。共通していえることは、旧村地区に所在する建設業者が、合併後、旧村地区内で行なわれる公共工事を落札できる確率は低下し、人口規模でも財政規模でも大きい中心自治体（旧秩父市や旧小鹿野町）で営業する建設業者に有利な応札結果となる傾向がみられた。合併前に比べて合併後は、大規模な建設業者が有利になるような競争原理が働いている。

旧過疎自治体に所在している建設業者のなかで、比較的技術力のある業者でも、合併自治体の旧自治体で行なわれる公共工事を受注できないため、むしろ飯能や所沢の民間工事を請け負うなど、受注圏の広域化をはかって対応している。したがって零細規模の建設業者ほど競争激化の余波を受けている。

従来の排他的受注圏が残存しているのは、合併しなかった東秩父村と、合併したが旧村単位で排他的受注圏が維持されているA県B市C地区である。

第7章 結 論

　東秩父村のように合併しない自治体では、指名競争入札が継続する傾向がみられ、自治体内の零細建設業者間で受注調整がなされ、排他的受注圏が存続する傾向が認められた。

　一方、合併してもA県C村のように、広域化した自治体の域内で、指名業者の数は増加したが、そのまま域内の競争激化に結びつかず、地元建設業協会が中心となって、旧自治体単位での受注調整を行ない、旧村単位で排他的受注圏が残存している合併自治体も存在している。ただし、合併後のC地区への公共事業投資額は激減しており、域内業者が公共工事を分け合っているものの受注高はおしなべて低下し、営業存続が危ぶまれている。

（3）旧村単位の排他的受注圏の存続と入札方式の違い

　このように2000年代中頃以降の本格的な入札改革の余波を受け、「平成の大合併」で合併した弱小な過疎自治体の場合、旧村単位で排他的受注圏が残存した地域と残存せずに崩壊した地域と2つに分かれている。排他的受注圏が継続するか、それとも消滅するかを分ける要因として、合併自治体が採用する入札方式の違いが影響していることが指摘できる。

　合併して広域化した秩父市における入札方式は、1,000万円未満が指名競争入札制度となっており一般競争入札制度の適用範囲が広いが、小鹿野町ではすべて指名競争入札制度であり、A県B市では5,000万円未満が指名競争入札となっている。秩父市とB市を比較しても、1,000万円と5,000万円では、指名競争入札の適用となる公共工事の範囲がかなり違っている。一般に、指名競争入札だと談合が行なわれやすい傾向にあり、指名競争入札の対象範囲が広い地方自治体では、談合の結果として、排他的受注圏が残存しやすい傾向がある。

　談合が指名競争入札制度と密接に関連しており、排他的受注圏が存続するかしないかは、このように地方自治体の入札制度と深く関係していると推察されるが、今後この点の因果関係をさらに詳しく検証する課題が残っている。

（4）合併した過疎自治体の災害応急対応力の衰退

　地元建設業者は自治体から指名業者として公共工事を受注するだけでなく、災害に対応するためのボランティア的な使命も果たしてきた。自治体が公共事業の発注者としてあり、災害時には地元建設業者に緊急に対応を依頼する相互依存関係が存在しており、地元建設業は収益性が低くても災害時の緊急対応を実施してきた。合併しても旧村単位で排他的受注圏が残存している地区では、地区ごとの自然条件を熟知した地元業者が緊急対応をすることができるために、最近の公共事業予算削減により経営的には厳しいものの、地元建設業者の災害応急対応力の点ではそれほど弱体化が進んでいない。

　しかしながら、合併して旧村単位での排他的受注圏が崩壊した地区では、旧自治体との地元建設業者との間に成立していた互恵関係も消滅し、地元建設業者の災害時に緊急に対応するインセンティブが低下している。

（5）秩父市大滝地区の建設業者による災害応急対応力の低下

　秩父市大滝地区では、標高の高い地元＝山間部から旧秩父市内へ転出する人口が多いばかりでなく、建設業者自体の移転も多くなっている。人口の高齢化が進み、高齢化率が50％を超え、地域社会の維持がたいへん困難になってきている。2014年2月の大雪災害のときには、孤立集落がいくつも発生し、自衛隊の出動要請にも至った。秩父市役所では大滝地区の情報収集に手間取った。県道が大雪で不通になり、地元業者が除雪に出動したが、10年前に比べて、大滝地区に居住する従業員も少なくなっており、また大滝地区に置かれている除雪に使う重機＝建設機械の台数も減少していた。すでに大滝地区から秩父市内へ移転した建設業者もあり、標高の低いところから高いところへ除雪機械を移動するにもたいへん手間どり現地での除雪作業に遅れが出た業者もいた。

　人口減少、少子化、高齢化の進む過疎地域では、住民のボランティア機能も失われつつあり、地域の建設業者が担う防災応急対応力の維持がたいへん

重要になっている。

　2014年2月の大雪のとき、小鹿野町両神地区では大滝地区よりも秩父市内に近い位置にあり、しかも砂利採掘場など稼働中の現場があったことによって、除雪作業は比較的早く実施された。小鹿野町では市民が重機を動かすなど除雪のボランティアも盛んであった。もちろん地元建設業者の不眠不休による除雪活動もあった。ただし、奥地の両神山登山口や小鹿野町藤倉地区など、孤立集落の解消が遅れた地区もあった。

　大雪で孤立集落となった地区の特徴として、坂本地区のように下流にダムが建設されて、下流地域との集落的な連帯が断絶された地区では、建設業者が重機を標高の低い地域から標高の高い地域へ移動させるのに手間取り、復旧が遅れる傾向も明らかとなった。ダムが建設されると、建設工事時には地元は潤うが、ダム建設が完了すると、地域が衰退するといわれている。ダムが建設され、下流の谷沿いの集落との連携が断たれたダム上流の集落の悲哀も、ダムによる地域の衰退の物語の一部を構成する。

　なお、表には明記しなかったが、神泉村では地域ボランティアが盛んな過疎地域も存在した。

（6）過疎地域の災害緊急対応力

　平成の大合併によって、過疎地域に指定されていた自治体が町村合併した結果、地域の自治機能が喪失したために災害時に脆くなった点が指摘されているが、本研究では、地域の建設業者の災害応急対応力の点からも、合併を遂げた過疎地域の災害対応の弱体化が実証できた。平成の大合併によって、自治体機能を失った過疎の地域社会の災害に対する脆弱化がすでに報告されているが（今井, 2013）、建設業者の果たす防災緊急対応力の点からみても、同様な傾向が認められた。

　確かに談合は違法行為であるが、過疎地域には零細な家内工業的な建設業者も多数存在しており、このような地域の零細な建設業者の存続を保護するような政策を積極的に推進すべきである。1例として、公共事業の入札条件

に、旧過疎自治体地区内に所在する業者に限定する地域要件を付けることなどが考えられる。

　過疎地域は地形的にも山が多く、平地と違って、緊急時に遠方から出動できないことが多いため、地域の地元建設業者による災害緊急対応力を維持する必要性があるからである。さらに、合併自治体内部での公共事業の地域的な配分に関しても、過疎地域に対する特別な配慮がなされなければならない。

　発注者である地方自治体と地元土木業者の調整および、地元土木業者同士の調整を行なうことによって、「排他的受注圏」を形成するという、排他的市場形成がなされているが、他方からみると自地域のインフラメンテナンスや災害から住民を守るために地元地方自治体と地元土木業者が協調し自立して地域を守る、いわば「協調的自立圏」ともいえる地域づくりを行なっていたといえる。今後、地域社会が存続するような特別な方策を、合併自治体も積極的に関与して策定していかなければならない課題がある。

（7）まとめ

　市町村合併を行なうことによって、排他的受注圏が崩壊する傾向が明らかになり、災害対応力に変化が生ずることが明らかになった。

　大滝村では合併を行なうことによって秩父市大滝地区となり、中心地である秩父地域から離れた縁辺地域となった。公共投資も中心地域である秩父地域を主に行なわれ、縁辺地域である大滝地区への公共投資は減少した。また自治体同士の垣根が取り払われたことにより、合併後の秩父市中心地に所在する有力地元土木業者が大滝地区に進出することによって、かつての大滝村に存在した排他的受注圏は崩され、大滝村に所在している地元土木業者は存続が難しくなっている状況である。これにより、大滝地区所在の地元土木業者による災害応急対応力は弱体化しており、この状況が続くと、大滝地区における地元土木業者による災害対応は機能できなくなる可能性が観察された。

　その一方で、市町村合併を行なわない東秩父村の事例においては、市町村合併を行なわなかったことにより、排他的受注圏は残存している。しかし、

第 7 章　結　論

公共投資の減少から、公共事業の発注量は減少し、地元土木業者の経営状態
は苦しい状況であるが、指名競争入札制度により確実に指名され公共事業が
受注できることもあり、一定の災害応急対応力は機能しているといえる。

　今回観察した地域において、市町村合併による影響は個々の市町村により
それぞれの変化がみられた。すなわち、市町村合併が行なわれた、Ａ県Ｂ市
では排他的受注圏が残存し、同じく市町村合併が行なわれたが、排他的受注
圏維持の源泉といえる指名競争入札制度が継続されている小鹿野町では排他
的受注圏は崩れていることが観察されている。

　Ａ県Ｃ村において、排他的受注圏が残存した理由として、合併後のＢ市で
は地域維持および防災に対する必要性の意識が強いことから、市と、それら
を取りまとめる地元建設業組合および地元建設業者の結びつきが強固であり、
Ｂ市の入札制度においてもそれを反映するようにしている。結果、旧自治体
単位での排他的受注圏が維持できたと推察され、これにより、災害応急対応
力は比較的に維持できているといえよう。

　小鹿野町では、森川（2008）の研究にもあるように、中心地への傾斜的な
公共投資配分により両神地区への相対的な公共投資の減少が引き起こされた。
また、合併自治体全域が公共事業の指名入札の対象に広げられたことから、
旧小鹿野町地区業者による旧両神村地区で実施される土木工事の受注機会が
増大した。これにより、旧両神村時代の指名入札制度の下で可能であった旧
両神村地区地元土木業者に限定された排他的受注圏は崩壊した。この影響か
ら、かつて地域の災害応急対応を請け負ってきた地元土木業者が他地域の事
業を受注せざるを得ない状況であることが観察された。しかし、本社機能は
旧両神村地区に残存し、主な重機類や人員は旧両神村地区にあることから災
害応急対応力は弱体化しているが、概ね対応できるといえる。

2．今後の研究課題

　本研究では、合併前の自治体の境界で、排他的受注圏が維持されている地

域が存在する一方で、排他的受注圏が完全に崩壊した地域も存在していることが明らかになった。しかしながら、なぜそのように分かれるのか、その要因をさらに探求する課題が残されている。

つまりは、今回、市町村合併を行ない旧自治体の垣根が取り払われ中心地から離れた縁辺地域となったA県C村の排他的受注圏が残存していることと同じく市町村合併を行ない旧町村の垣根が取り払われ排他的受注圏が崩壊した大滝村の差は、今回の研究では筆者は入札制度の差異と地元地方自治体と地元土木業者の結びつきの差で整理をしているが、それ以上深く因果関係を明確に分析できなかった。

また、小鹿野町においては町村合併をしているが指名競争入札制度が残存し、排他的受注圏を形成できる土壌があるにもかかわらず、排他的受注圏が瓦解し、旧両神村地区の地元土木業者の持続可能性が危ぶまれている状況がみられる。なぜそのような状況になるのか、その原因を十分に解明するに至らなかった。

合併自治体において、市中心部から離れた縁辺部にいくほど過疎化が進展し（畠山, 2013）、公共投資に関する予算も中心部に偏る（森川, 2008）という先行研究の結果と、本研究で得られた知見とは基本的に一致している。今後、さらに調査地域を拡大し、全国的な傾向を見出さなければならない。

また、これまで社会科学分野では看過されてきた地元建設業者の担う災害応急対応力に関して、ネオリベラルな構造改革を推し進めた結果、想定外の負の側面も生じており、より精緻な実態分析の必要性があることも、今後の課題である。

【文献リスト】

朝日新聞（2005）「橋梁談合　道路公団が手綱」6 月16日

安東誠一（1991）「地域構造の再編と『発展なき成長』のメカニズム」『経済地理学年報』37巻 1 号, pp.1-9.

今井照「平成の大合併と地方自治」佐藤康行編『検証・平成の大合併と農山村』農文協 pp.39-79.

宇根正志・西條辰義（1998）「談合実験―制限付き一般競争入札の有効性」『経済研究』4 巻 2 号, pp.113-120.

大阪市『テクノポート大阪計画と当時の社会的経済的状況』
〔http://www.city.osaka.lg.jp/shiseikaikakushitsu/page/0000035834.html〕
（参照：2015-10-29）

大野晃（2005）「限界集落―その実態が問いかけるもの」『農業と経済』2005年 3 月号, p.5, 昭和堂.

大野泰資（2003）「公共工事における入札・契約方式の課題」『会計検査研究』No. 27, pp.159-174.

岡橋秀典（2004）「21世紀の日本の山村区間―その可能性と課題―」『地学雑誌』113巻 2 号, pp.235-250.

岡部敦己（2005）「落札率の真相に迫る」『建設マネジメント技術』11月号 2-13.
〔http://kenmane.kensetsu-plaza.com/bookpdf/26/fa_01.pdf〕（参照：2016-12-5）

岡本裕豪・増田圭（2001）「平等をめぐる議論と社会資本整備に関する一考察」『国土交通政策研究』6 号, 国土交通省国土交通政策研究所

奥田憲昭（2008）「市町村合併の論点と研究課題」『大分大学経済論集』59, pp.209-227.

梶田真（1998）「奥地山村における地元建設業者の存立基盤　島根県羽須美村を事例として」『地理科学』60巻 4 号, pp.237-259.

―――（1999）『地域間所得再分配とわが国縁辺地域の変容―公共土木投資の社会政策的意義をめぐる考察―』東京大学, 博士論文

―――（2001）「地域間所得再分配と公共投資　国庫・都道府県支出金, 地方債を中心に」『経済地理学年報』47巻 1 号, pp.35-54.

―――（2005）「戦後の縁辺地域における土木業者の発展過程と労使の性格　―奥地山村を事例として」『地理科学』60巻 4 号, pp.237-259.

―――（2008）「官公需確保法と地方圏における土木業者の成長過程―島根県を事例として―」『経済地理学年報』54巻1号，pp.1-18.

―――（2009）「戦後日本における全国土木業者の編成メカニズム」『地理科学』64巻1号，pp.45-62.

加藤一郎（2000）『公共事業と地方分権』日本経済評論社

金子学（2015）「山梨県・埼玉県への除雪支援　関東甲信地方の記録的豪雪に対する新潟県の支援」『第27回ゆきみらい研究発表会発表資料』

金本良嗣（1991）「公共セクターの効率化」金本良嗣・宮島洋編『政府調達の経済学』pp.89-104，東京大学出版会

―――（1999）「日本の建設産業」金本良嗣編『公共工事の発注システム』pp.69-134，日本経済新聞社

亀本和彦（2003）「公共工事と入札・契約の適正化―入札談合の排除と防止を目指して―」『レファレンス』9月号，pp.7-42.

川口和英（2009）『公共事業―これで納得！必要と無駄の境界線―』ぎょうせい

河田浩樹・加藤祥彦・水野裕也（2012）「日本経済と公共投資―建設経済研究所創立三十周年を迎えて―」『建設経済レポートNo.59』

川浜昇（1999）「日本の競争政策」後藤晃・鈴村興太郎編『私的独占の規制について』pp.199-230，東京大学出版会

来生新（1999）「日本の競争政策」後藤晃・鈴村興太郎編『日本の競争政策の歴史的概観（1）』pp.17-44，東京大学出版会

木下誠也（2012）『公共調達研究―健全な競争環境の創造に向けて―』日刊建設工業新聞社

楠茂樹（2012）『公共調達と競争政策の法的構造』上智大学出版

建設業振興基金（2013）「建設業しんこう」2013年7・8月合併号〔http://www.shinko-web.jp/assets_c/2013/08/chronology_2.pdf〕（参照：2016-7-25）

五石敬路（2012）「平成の市町村合併における「規模の経済」の検証」『創造都市研究』第8巻1号，pp.31-45.

公正取引委員会（2003）『公共調達における競争性の徹底を目指して―公共調達と競争政策に関する研究会報告―』〔http://www.jftc.go.jp/houdou/pressrelease/kako/03111801.files/03111801-02-hontai.pdf〕（参照：2017-1-3）

伍賀一道（1989）「雇用・労働市場と社会政策」石原良太郎・牧野富夫編『社会政策―国際化・高齢化・雇用の弾力化―』pp.95-128，ミネルヴァ書房

【文献リスト】

国土交通省（2004）『入札・契約制度を取り巻く最近の動向』
〔http://www.nga.gr.jp/ikkrwebBrowse/material/files/group/3/72006112401_
07.pdf〕（参照：2016-8-30）
――――――編（2007）『国土交通白書2007　平成18年度年次報告―地域の活力向上
に資する国土交通行政の展開』ぎょうせい
――――――（2009a）『建設産業をとりまく経済社会の状況』
〔http://www.mlit.go.jp/common/000004947.pdf〕（参照：2012-10-05）
――――――（2009b）『平成21年度　土地所有・利用の概況』
〔http://tochi.mlit.go.jp/generalpage/841〕（参照：2012-11-28）
――――――（2010）『平成20年度　建設業構造基本調査』
〔http://www.mlit.go.jp/common/000053094.pdf〕（参照：2012-10-07）
――――――（2012）『平成24年度　建設工事受注動態統計調査　記入の手引き』
〔http://www.mlit.go.jp/common/000053094.pdf〕（参照：2012-5-26）
――――――『経常JVについて』
〔http://www.mlit.go.jp/singikai/kensetsugyou/wg/060228/05.pdf〕（参照：
2012-12-21）
――――――『建設投資総合統計』
〔http://www.mlit.go.jp/toukeijouhou/chojou/gaiyo_b1t5.html〕（参照：2012-
12-7）
国土交通省国土技術政策総合研究所（2004）『総合評価落札方式　技術とノウハウ
を活かした公共工事をめざして』
〔http://www.nilim.go.jp/lab/peg/siryou/sougou/panhu/all_panhu.pdf〕（参
照：2016-7-30）
後藤晃（2013）『独占禁止法と日本経済』NTT出版
埼玉県（2015）『埼玉県建設工事請負競争入札参加資格者格付要領』
〔http://www.pref.saitama.lg.jp/a0212/prefnyushin/documents/2728kakudu
keyouryou.pdf〕（参照：2016-9-16）
―――『埼玉県電子入札総合案内』
〔http://www.pref.saitama.lg.jp/a0212/densinyusatsu/index.html〕（参照：
2015-10-10）
―――『市町村勢概要』
〔https://www.pref.saitama.lg.jp/a0206/a350/index.html〕（参照：2016-1-20）
―――「地方債マニュアル」（2018）埼玉県企画財政部市町村課財政担当〔https//
www.pref.saitama.lg.jp/a0107/zaiseitantou/documents/h30-11 manual.pdf〕

（参照：2019-1-20）

埼玉県大雪庁内検証委員会編『平成26年2月14日からの降雪に係る大雪庁内検証委員会報告書』

〔https://www.pref.saitama.lg.jp/a0402/snow/documents/625426.pdf〕（参照：2015-10-20）

財団法人建設業適正取引機構（2011）『建設業のため独占禁止法Q＆A』大成出版社

斉藤徹史・光多長温（2012）「地方自治体の公共調達のあり方についての一考察」『地域学研究』42巻2号

佐々木信夫（2002）『市町村合併』ちくま新書

佐藤賢志（2002）「市町村合併が地方財政に与える効果の実証分析」『RPレビュー』No.3, vol.9, pp.34-37.

佐藤康行（2013）「昭和・平成の大合併に関する研究と課題」佐藤康行編『検証・平成の大合併と農山村』農文協, pp.11-38.

清水修二（2007）「地方自治体の入札制度改革の課題」『福島大学地域創造』18巻2号, pp.68-78.

清水修二・藤本典嗣（2009）「自治体入札制度改革と建設業の再編成」『商学論集』（福島大学経済学会）77巻2号, pp.39-65.

諏佐マリ（2010）「「入札談合」規制のあり方」九州法学会シンポジウム『経済環境の変容と競争政策の展開』資料, pp.63-66.

鈴木満（2001）『入札談合の研究―その実態と防止策―』信山社

全国市民オンブズマン連合会議（2003）「入札調査の分析結果についての報告」第10回全国オンブズマン大会資料

〔http://www.ombudsman.jp/taikai/rakusatsu03.pdf〕（参照：2016-12-5）

全国市民オンブズマン連合会議（2016）「入札調査の分析結果についての報告」第23回全国オンブズマン大会資料

〔http://www.ombudsman.jp/dangou/dangou2016-1.pdf〕（参照：2016-12-5）

全国知事会編（2006）『都道府県の公共調達改革に関する指針』

〔http://www.mlit.go.jp/singikai/kensetsugyou/wg/070221/shiryo08.pdf〕（参照：2016-07-25）

総務省編（2010）『地方財政白書　平成22年度版（平成20年度決算）』日経印刷
―――編（2012）『地方財政白書　平成24年度版（平成22年度決算）』日経印刷
―――『合併特例債の考え方』

〔http://www.gappei-archive.soumu.go.jp/db/02ao/2-17oi/state/tokurei.pdf〕（参照：2012-12-31）

　　　　『基準財政需要額』

　　〔http://www.soumu.go.jp/main_content/000030005.pdf〕（参照：2012-12-30)

　　　　『行政投資実績』各年版

　　〔http://www.soumu.go.jp/menu_news/s-news/index.html〕（参照：2012-11-

　　16)

　　　　『指標の説明』

　　〔http://www.soumu.go.jp/main_content/000264701.pdf〕（参照：2016-8-30)

　　　　『地方債の協議制度について』

　　〔http://www.soumu.go.jp/main_sosiki/c-zaisei/chihosai/pdf/chihosai_c2.pdf〕

　　（参照：2016-08-10)

総務省統計局『国勢調査』各年版

　　〔http://www.stat.go.jp/data/kokusei/2010/index.htm〕（参照：2016-9-20)

　　　　　　　　　『事業所・企業統計調査』

　　〔http://www.stat.go.jp/data/jigyou/2006/index.htm〕（参照：2012-12-10)

　　　　　　　（2011）『都道府県別人口』

　　〔http://www.stat.go.jp/data/nenkan/zuhyou/y0203000.xls〕（参照：2012-12-

　　10)

高木健二（2003）『市町村合併の財政論―平成15年地方自治土曜講座ブックレット

　　―』公人の友社

武田晴人（1999）『談合の経済学　日本的調整システムの歴史と論理』集英社

田中徹政・加知範康・塚原健一（2013）「地域の被災後の応急復旧力に着目した九

　　州地方における建設機械の賦存量に関する考察」『土木学会論文集F4（建設マネ

　　ジメント）』69巻4号, pp.I291-I301.

秩父市（2014）『新市まちづくり計画』

　　〔http://www.city.chichibu.lg.jp/secure/10252/rev_machidukuri_keikaku_h26.

　　pdf〕（参照：2016-9-10)

　　　　（2016）『秩父市総合戦略』

　　〔http://www.city.chichibu.lg.jp/secure/10252/rev_machidukuri_keikaku_h26.

　　pdf〕（参照：2016-9-10)

中小企業庁（2014）『官公需法に基づく「平成25年度中小企業社に関する国等の契

　　約の方針について」』

　　〔http://www.chusho.meti.go.jp/keiei/torihiki/2012/download/0705torihiki-

　　1.pdf〕（参照：2015-12-23)

中馬宏之（1999）「日本の建設産業」金本良嗣編『建設労働の構造と特徴』pp.135-

160，日本経済新聞社

築山秀夫（2013）「市町村合併と農山村の変動―長野県大岡村を事例として―」佐藤康行編『検証・平成の大合併と農山村』農文協，pp.155-195.

内閣府『景気基準日付』
〔http://www.esri.cao.go.jp/jp/stat/di/111019hiduke.html〕（参照：2016-8-10）

―――『国民経済計算』
〔http://www.esri.cao.go.jp/jp/sna/menu.html〕（参照：2016-8-10）

―――（2009）『災害被害を軽減する国民運動に関する懇談会（第1回）』
〔http://www.bousai.go.jp/kyoiku/keigen/kondankai/pdf/data01-all.pdf〕（参照：2016-10-10）

―――（2014）『防災白書』
〔http://www.bousai.go.jp/kaigirep/hakusho/h26/honbun/0b_5s_01_00.html〕（参照：2016-10-10）

中村良平・渡邊喬（2011）「岡山県の市町村合併効果に関する研究」『岡山大学経済学会雑誌』43巻2号，pp.1-27.

中山徹（1998）『公共事業依存国家―肥大化の構図と改革の方法―』自治体研究社

沼尾波子（2002）「現代の公共事業　国際経験と日本」金澤史男編『地域からみた公共事業―茨城県八郷町を手がかりに―』pp.93-122，日本経済評論社

畠山輝雄（2013）「合併後の市町村における周辺部の過疎化の検証」『地理誌叢』（日本大学地理学会）Vol.54巻2号，pp.16-25.

林健久編（2009）『地方財政読本（第5版）』東洋経済新報社

林宜嗣（2004）「公共投資と地域経済―道路投資を中心に―」『フィナンシャル・レビュー』November，pp.52-64.

東秩父村（2011a）『元気村づくりプラン（第5次東秩父村総合振興計画）』東秩父村発行

―――（2011b）『東秩父村過疎地域自立促進計画』東秩父村発行

―――（2014）『東秩父村概要』
〔https://www.vill.higashichichibu.saitama.jp/soshiki/01/muragaiyou.html〕（参照：2016-7-18）

―――『工事等の入札結果』
〔https://www.vill.higashichichibu.saitama.jp/soshiki/01/nyuusatukekka.html〕（参照：2016-7-18）

―――『防災白書』
〔http://www.bousai.go.jp/kaigirep/hakusho/h26/honbun/0b_5s_01_00.html〕

（参照：2016-7-18）

肥後雅博・中川裕希子（2001）「地方単独事業と地方交付税制度が抱える諸問題」日本銀行調査統計局編『Working Paper Series』7月号，pp.1-35.

平井昌夫（2005）「官公需関連中小建設業の現状と今後の方向―公共工事の減少と中小建設業の対応―」『信金中金月報』6月号，pp.74-95.

平林英勝（2005）『独占禁止法の解釈・施行・歴史』商事法務

福井県『地方財政用語集』〔http://info.pref.fukui.jp/sityoson/zaisei/yougo/yougoshuu/yougoshuu.html〕（参照：2016-8-20）

福島県入札等制度検証委員会『福島県の入札等制度に係る検証と改革案』〔http://www.pref.fukushima.lg.jp/uploaded/attachment/7492.pdf〕（参照：2017-1-18）

福田慎一・計聡（2002）「日本における財政政策のインパクト―1990年代のイベントスタディ―」日本銀行金融研究所編『金融研究』3月号，pp.55-100.

古城誠（1999）「日本の競争政策」後藤晃・鈴村興太郎編『日本の競争政策の歴史的概観（2）』pp.45-70，東京大学出版会

丸谷浩明・比江島昌・河野耕作（2010）「建設企業が担う災害復旧活動への地方公共団体の期待、促進策に関する考察」『地域安全学会論文集』No.13, pp.1-10.

水田健一（1990）「わが国の社会資本投資の推移とその地域配分」『奈良教育大学紀要』39巻1号，pp.21-40.

宮崎智視（2008）「地方政府の公共投資と景気対策」『フィナンシャル・レビュー』March, pp.118-136.

三輪芳朗（1999）「日本の建設産業」金本良嗣編『建設産業における政府の役割―発注者としての政府』pp.135-160，日本経済新聞社

武藤博己（2003）『入札改革―談合社会を変える―』岩波新書

村上政博（2005）『独占禁止法―公正な競争のためのルール―』岩波新書

持永和見（1970）「新経済社会発展計画について」『季刊社会保障研究』6巻1号，pp.59-70.

森川浩（2008）『行政地理学研究』古今書院

森下憲樹（2012）「入札契約制度の変遷と今後の課題（Ⅰ）」一般財団法人建設経済研究所編『建設経済レポート日本経済と公共投資』10月号，pp.24-42.

森本恵美・滑川達・八田法大（2009）「建設企業の災害応急対策の政策的意味と課題」『土木学会，建設マネジメント論文集』Vol.16, pp.373-382.

柳川範之・大東一郎（1999）「日本の競争政策」後藤晃・鈴村興太郎編『カルテル

規制』pp.71-96, 東京大学出版会

矢吹初（2010）「市町村合併の費用削減効果」『青山経済論集』（青山学院大学経済学会）62巻2号, pp.97-125.

山田明（2003）『公共事業と財政―戦後日本の検証―』高菅出版

山本努・高野和良（2008）「過疎の新しい段階と地域生活構造の変容―市町村合併前後の大分県中津江村調査から―」佐藤康行編『検証・平成の大合併と農山村』農文協, pp.11-38.

吉田博光（2002）「市町村合併による経済効果の再検討」『JCER Review』VOL.46, 2003.3.

吉野直行・中野英夫（1996）「公共投資の地域配分と生産効果」『フィナンシャル・レビュー』December, pp.1-11.

渡邊法美（1999）「日本の建設産業」金本良嗣編『建設サービスのコストと品質』pp.219-267, 日本経済新聞社

あとがき

　年度末になると同じ道路を工事しているなどの無駄な公共事業と感じさせる工事や「政・官・民の癒着」などといわれる建設業界のイメージ、または談合事件等がマスコミに報じられる。市民が日常生活において建設業界の存在が認識されるときは決して印象がよいものではないと筆者は感じている。しかし、地元の建設業は本来の業務のみだけでなく、地域やそこに住む人々のために資する役割があり、その役割について光を当て、そのことについて多くの人に知ってほしいと筆者は望んでいた。そこで、筆者は、不透明と感じられる建設業界について、業界を取り巻く政策や環境、受発注の仕組みおよび地域に存在する中小零細企業群からなる地元建設業者の有り様と地域における役割について実地調査を行い、整理し研究を行なった。

　本書はそのような筆者が感じている建設業界について整理研究したものであるが、この研究について筆者には課題がある。つまりは、筆者の力でどこまで建設業界の役割を読者の方に伝えることができるかという課題と、埼玉県の過疎市町村を中心に取材を行なったものであるが、他府県の市町村の事例について収集し、さらに精緻な分析を行なう必要があるという2つの課題が残されている。この2つの課題は、この先、筆者が課題を解決しながら研究を行い、地域における建設業についてより詳しくわかりやすく読者の方に伝えていきたい。

　本著をまとめている2018年、わが国で災害が多く発生した。2018年7月には、岡山県倉敷市真備町および広島市安芸区をはじめとした豪雨災害「平成30年7月豪雨」が起こり、同年9月には、北海道胆振地方中東部を震源とする「平成30年北海道胆振東部地震」が発生し、北海道勇払郡厚真町を中心に大きな被害をもたらした。

　筆者は、2011年3月に起きた東日本大震災や、豪雨に見舞われた倉敷市真備などの災害に際し、被災直後から災害復旧活動に従事したが、両災害とも

215

家屋は倒壊し、道路は寸断され、鉄道も不通となり被災した地域は生活する環境として維持できない状態ではなかった。被災直後の各地域の状況はとても書き尽くせない状況であった。

そのようななか、地域の早急な復旧のために自治体および公営企業をはじめとした多くのインフラ管理者からの要請により、大手、中小問わず建設会社は、それまで自社で請け負っている建設現場での作業を中止し、発災直後から日夜問わず持っている重機と人員を地域の復旧に振り向け、早急に道路等のインフラの応急復旧に向け動いた。しかし、このような建設業の活動は、マスコミ等に報じられることなく、被災地域の復旧状況の進捗についてのみ報じられるだけであった。

平時は道路のメンテナンスや地域状況の変化に合わせて道路の改築を行うなど通常の業務を行っているが、災害時という緊急時にはインフラの復旧作業を行い、人々が安心して便利に生活する場を提供する役割を担うのが地域にある建設業者であると考えている。しかし、建設業の現状は市町村合併等の政策および公共事業の発注形態の変容、公共事業の発注量の低下、若い世代の働き手不足など、建設業界を取り巻く環境は決して明るいものではない。

このような状態のなかでも、地域のインフラに何かあれば早急な対応を求められ、それに応えてきた建設業界のもうひとつの役割についての理解に、本研究が一助となれば筆者としてありがたいことである。

本研究は多くの方々に支えられて行ってきた。このことから、最後に感謝を記したい。

埼玉大学大学院において、未熟な私を激励叱咤し、研究手法、研究に対する心構え等公私にわたり指導していただいた田中恭子先生には感謝を申し上げたい。本書の出版の機会を与えてくださり、先生の熱心な研究指導や同行での実地調査がなかったら本研究をまとめることができなかった。

修士課程の指導教官であった牛嶋俊一郎先生には、私の研究の方向性を正していただいた。牛嶋先生との議論において、地域の人々が幸せになれることの研究の重要性を教わり、研究の方向性が定まった。

学外においては、齊藤聡先生にはこれまでの自分の疑問や経験について、

大学院に進学し研究を行なうことの重要性を指導していただいた。つまりは、研究を行なうということのきっかけを与えていただいた。

　私の研究において、それぞれの先生方の指導が私の研究の基礎であり、このような研究の機会を与えていただいた先生方に心からの感謝を申し上げる。

　そして、取材の条件として実名を出すことはできないが、取材に協力していただいた各自治体の担当者、建設業者の方々に心より感謝を申し上げたい。複数回にわたる長時間の取材にもかかわらず当方の取材に快く応じていただいた。

　また、私事であるが、研究生活と会社生活の両立において多大なる迷惑をかけた方々にお詫びと感謝を申し上げる。

　最後になるが、時潮社の阿部進氏には原稿が遅々として進まないなか、さまざまなアドバイスをいただけたこと、長時間お待ちいただいたことをお詫びとともに感謝を申し上げたい。

白井　伸和

著者略歴

白井　伸和（しらい・のぶかず）

1975年生まれ。埼玉大学大学院経済科学研究科　博士後期課程修了。
博士（経済学）。建設会社にて東日本大震災等の災害復旧等の経験
をえて、倉敷市役所へ入庁。

過疎山村における地域建設業の役割
──構造改革と地域防災の視点から──

2019年4月25日 第1刷　　　　定　価＝3000円＋税

著　　者　白　井　伸　和　ⓒ
発 行 人　相　良　景　行
発 行 所　㈲　時　潮　社
　　　　　174-0063 東京都板橋区前野町 4-62-15
　　　　　電 話（03）5915-9046
　　　　　FAX（03）5970-4030
　　　　　郵便振替　00190-7-741179　時潮社
　　　　　URL http://www.jichosha.jp
　　　　　E-mail kikaku@jichosha.jp

印刷・相良整版印刷　製本・仲佐製本

乱丁本・落丁本はお取り替えします。
ISBN978-4-7888-0732-7

時潮社の本

地域財政の研究

石川祐三　著

Ａ５判・上製・184頁・定価2500円（税別）

人口の減少、グローバル化の進展、地方財源の不足。日本の厳しい未来を見すえて、競争に立ち向かう地域の視点から、地方財政の今を考える。

「境界性」その内と外

——日本基層社会の「境界性」に関する総合的研究——

大胡　修　編著

Ａ５判・並製・312頁・定価4500円（税別）

私たちの周りには多くの境界がある。そのどれもが何かを基準として分類され、創られてきたものだが、いったいその基準とは何か。本書は日本の地域社会をフィールドとして基地、観光、漁業慣行、限界集落、市町村合併をキーワードに、人々がどのような基準で境界を認識し、創ってきたかを分析したものである。

グローバリゼーションの地理学

田中恭子　著

Ａ５判・並製・228頁・定価2800円（税別）

中南米は米国の裏庭と呼ばれ、米国は自分たちの意のままにしてきた歴史がある。今、グローバリゼーションの名の下、市場原理主義を掲げるネオリベラリズムが跋扈し、世界が「米国の裏庭」化し、分断と格差が拡大。その実態をIMF支配の歴史と地政学的見地から鋭く暴く。

アメリカの金融危機と社会政策

——地理学的アプローチ——

田中恭子　著

Ａ５判・上製・224頁・定価2800円（税別）

住宅バブル崩壊と略奪的貸し付けなどで疲弊するアメリカ社会はどうしているのか。二極化は地域社会を分断し、富裕層はゲートシティに逃げ込む。続発する銃器犯罪と人種差別を理由とする暴動。黒人大統領オバマは社会融和の切り札ではなかった？価値観の争いともいわれる文化戦争をこえて、アメリカはどこに向かうのか。